喜楽研の支援教育シリーズ

ゆっくり ていねいに 学びたい子のための

かたかなワーク

清音・濁音・半濁音の読み
ことばの音韻認識
かたかなの書字と書き順
形や音の似ているかたかな
ことばあそび

企画・編著 ／ 原田 善造

はじめに

昨年、算数教材『スモールステップで学びたい子のための 教科書にそって学べる さんすう教科書支援ワーク』発刊後、支援教育を担当されている先生や学級担任をされている先生方、また書店の方々から、「こくご教材も作ってほしい。」との声を多数いただきました。

そこで、「どの子にもわかりやすく、どの子にも理解できる」という観点に留意し、さらに「ゆっくりていねいに、段階を追った学習ができる『こくごワーク』シリーズ」の作成を目指しました。一つの文字や一つの言葉の読み書き、意味、音節構造をゆっくりていねいに学習できるよう工夫しています。それぞれの子どもに適した支援のワークシートを選択して、お使いください。

また、子ども個人用のワークブックがわりに使えるものを、との声にも応えて、本シリーズは子どもがそのまま記入して使える大きさのＡ４サイズのワークシート集として作成しました。

本書では、読み書きが苦手な子どもも楽しく学習できるよう、単語にイラストをつけ、その単語が何を表しているかがよくわかるように工夫しています。また、文字や単語を正確に素早く読む力をつけられるよう、音の特徴を視覚的に表した補助記号で音韻認識を育み、音節構造の理解を補えるよう工夫しています。さらに、読み書きが苦手な子どもでも楽しく気軽に取り組めるよう楽しいイラストやあそびのページを取り入れました。あそびの中で文字や言葉に親しみ、より理解を深めることで、学習の定着が図れます。

本書を通して、読み書きが苦手な子どもが「理解できない」「達成感がない」苦しさから少しでも解放され、「わかる喜び」「できた！という達成感」がもてるようになることを願ってやみません。

本書作成のために、特別支援学級や支援教育にたずさわっておられる先生方からたくさんの貴重なご意見をいただきました。あらためて御礼申し上げます。

二〇一六年十二月

編著者　原田　善造

本書の特色

ゆっくりていねいに、段階を追った学習ができます。

読み書きが苦手な子どもにも理解できるよう、ゆっくりていねいに段階を追って学習できるよう工夫しています。

豊かな内容が子どもたちの確かな学力づくりに役立ちます。

教科書の内容や構成を研究し、小学校の特別支援学級や支援教育担当の現場の先生方のアドバイスをもとに問題を作成しています。

読みのルールを明確化し、読み書きが苦手な子どもたちに対応できるようにしました。

読みのルールを明確化し、読み書きが苦手な子どもたちに対応できるようにしました。教科書の説明や内容以外にも、多様な方法を取り入れてワークシートを作成しました。文字や単語を正確に素早く読む力をつけられるよう、音の特徴を視覚的に表した補助記号で音韻認識を育み、音節構造の理解を深めます。また、その記号にあわせた動作化のヒントも一部取り入れ、文字と音の結びつきを楽しく理解できるよう工夫しています。

あたたかみのある説明イラストで、日常的な単語の定着と語彙の拡大を図ります。

日常的に用いる単語を多く取り上げ、語彙の拡大と、普段の生活での反復使用による単語の定着を促します。どの単語にもわかりやすい説明イラストを掲載し、言葉の理解を深めます。イラストの色塗りなども楽しめます。

ちょっとひと休み、あそびのページで楽しく学習できます。

反復して書く練習をしたあと、ちょっと雰囲気をかえて学習したいときのワークシートも掲載しています。あそびの中で文字や言葉に親しみ、より理解の深まる学習ができます。

学校現場では、本書ワークシートを印刷・コピーして児童に配布できます。

ゆっくりていねいに学びたい子のための　かたかなワーク

もくじ

はじめに …… 2
本書の特色 …… 3
本書の解説とねらい …… 6

かたかなを　よもう

かたかなを　よもう①　「ア」〜「ノ」（順に配列） …… 10
かたかなを　よもう②　「ハ」〜「ン」（順に配列） …… 11
かたかなを　よもう③　「゛」「゜」の　ある　かたかな（順に配列） …… 12
かたかなを　よもう④　「ア」〜「ノ」（順不同に配列） …… 13
かたかなを　よもう⑤　「ハ」〜「ン」（順不同に配列） …… 14
かたかなを　よもう⑥　「゛」「゜」の　ある　かたかな（順不同に配列） …… 15
かたかなを　よもう⑦　「ア」〜「ソ」・「タ」〜「ホ」・「マ」〜「ン」 …… 16
かたかなを　よもう⑧　「ガ」〜「ゾ」・「ダ」〜「ボ」・「パ」〜「ポ」 …… 17
かたかなを　よもう⑨　「ア」〜「ン」 …… 18
かたかなを　よもう⑩　「゛」「゜」の　ある　かたかな …… 19

かたかなを　かこう・ことばを　よもう

「ア」と「イ」を　かこう・ことばを　よもう …… 20
「ウ」と「エ」を　かこう・ことばを　よもう …… 21
「オ」と「カ」を　かこう・ことばを　よもう …… 22
「キ」と「ク」を　かこう・ことばを　よもう …… 23
「ケ」と「コ」を　かこう・ことばを　よもう …… 24
「サ」と「シ」を　かこう・ことばを　よもう …… 25
「ス」と「セ」を　かこう・ことばを　よもう …… 26
「ソ」と「タ」を　かこう・ことばを　よもう …… 27
「チ」と「ツ」を　かこう・ことばを　よもう …… 28
「テ」と「ト」を　かこう・ことばを　よもう …… 29
「ナ」と「ニ」を　かこう・ことばを　よもう …… 30
「ヌ」と「ネ」を　かこう・ことばを　よもう …… 31
「ノ」と「ハ」を　かこう・ことばを　よもう …… 32
「ヒ」と「フ」を　かこう・ことばを　よもう …… 33
「ヘ」と「ホ」を　かこう・ことばを　よもう …… 34
「マ」と「ミ」を　かこう・ことばを　よもう …… 35
「ム」と「メ」を　かこう・ことばを　よもう …… 36
「モ」と「ヤ」を　かこう・ことばを　よもう …… 37
「ユ」と「ヨ」を　かこう・ことばを　よもう …… 38
「ラ」と「リ」を　かこう・ことばを　よもう …… 39
「ル」と「レ」を　かこう・ことばを　よもう …… 40
「ロ」と「ワ」を　かこう・ことばを　よもう …… 41
「ヲ」と「ン」を　かこう・ことばを　よもう …… 42

かたかなを　かこう
かたかなを　かこう「ガ・ギ・グ・ゲ・ゴ」…… 43
かたかなを　かこう「ザ・ジ・ズ・ゼ・ゾ」…… 44
かたかなを　かこう「ダ・ヂ・ヅ・デ・ド」…… 45
かたかなを　かこう「バ・ビ・ブ・ベ・ボ」…… 46
かたかなを　かこう「パ・ピ・プ・ペ・ポ」…… 47

こえに　だして　よもう
こえに　だして　よもう①②…… 48

ことばあそび1
しりとり①②　ことばを　かこう（三単語）…… 50
しりとり③④　ことばを　かこう（七単語）…… 52

おんの　にた　ことば
ただしい　ことばを　えらぼう①「ド」と「ロ」…… 54
ただしい　ことばを　えらぼう②「デ」と「レ」…… 55
ただしい　ことばを　えらぼう③「ギ」と「ジ」・「ダ」と「ラ」…… 56
かけるかな①「ド」と「ロ」…… 57
かけるかな②「デ」と「レ」…… 58
かけるかな③「ギ」と「ジ」・「ダ」と「ラ」…… 59
ことばあそび　ただしい　ことばを　えらぼう①「ド」と「ロ」…… 60
ことばあそび　ただしい　ことばを　えらぼう②「デ」と「レ」…… 61
ことばあそび　ただしい　ことばを　えらぼう③「ギ」と「ジ」…… 62
ことばあそび　ただしい　ことばを　えらぼう④「ダ」と「ラ」…… 63
ことばあそび　ただしい　ことばを　えらぼう⑤　ふくしゅう…… 64
ことばあそび　ただしい　ことばを　えらぼう⑥　ふくしゅう…… 65

ことばあそび2
せんで　つなごう①②…… 66

にて　いる　かたかな
にて　いる　かたかな①「ソ」「リ」・「ソ」「ン」…… 68
にて　いる　かたかな②「シ」「ツ」・「チ」「テ」…… 69
にて　いる　かたかな③「ス」「ヌ」・「ヌ」「ヲ」…… 70
にて　いる　かたかな④「ク」「ワ」・「ク」「タ」…… 71
にて　いる　かたかな⑤「ア」「マ」・「ウ」「ワ」…… 72
にて　いる　かたかな⑥「コ」「ユ」・「セ」「ヒ」…… 73

解答例…… 74

本書の解説とねらい

かたかなを　よもう

P10

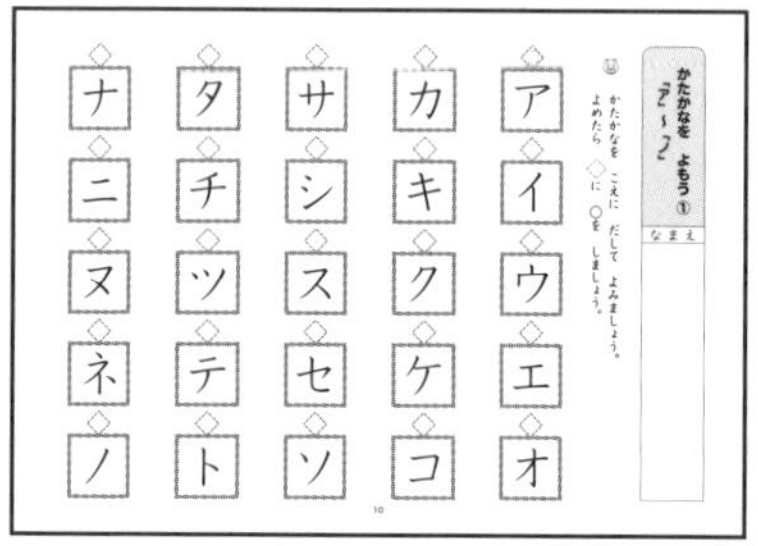

P12

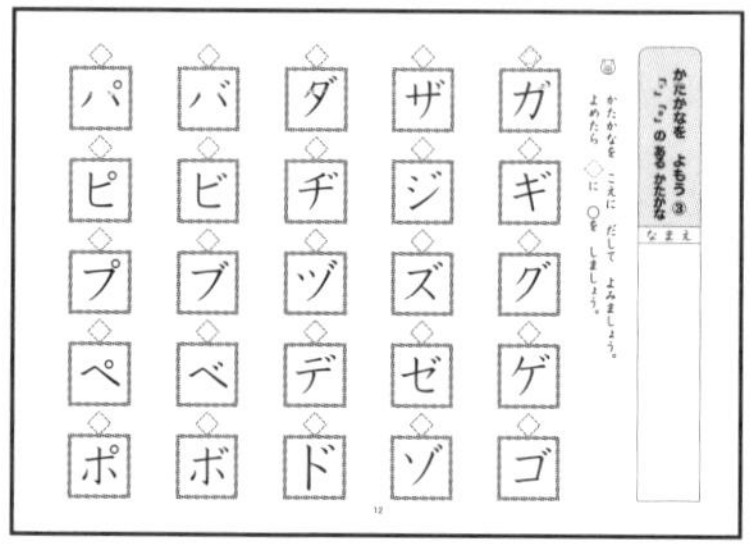

P16

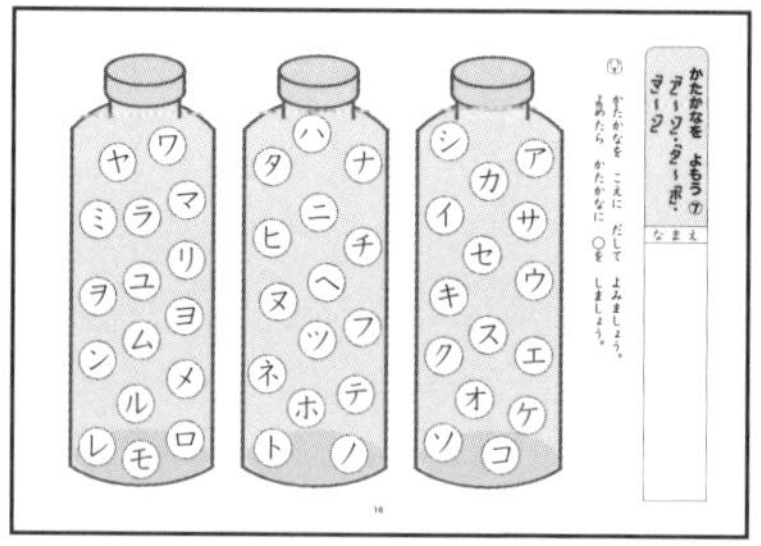

P18

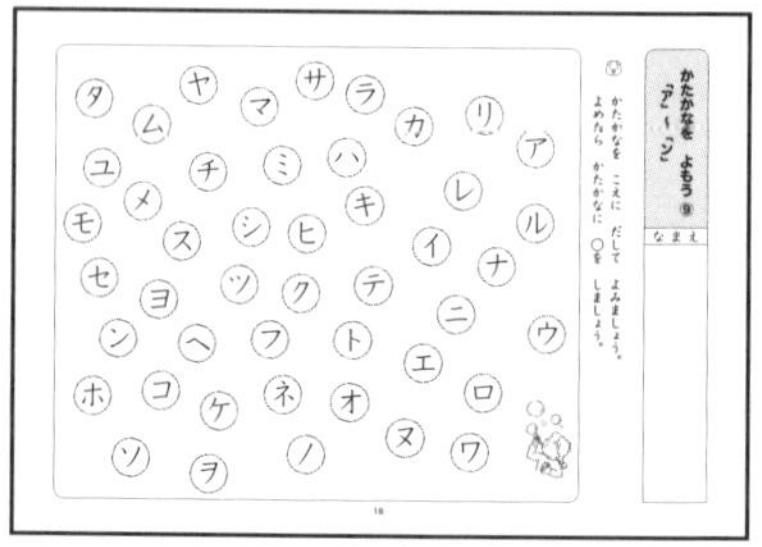

【十ページから十五ページまで】

かたかな清音四十六文字と濁音と半濁音二十五文字を声に出して読む練習です。「ア」ならの口の形になるよう、口を大きく開けましょう。「ア」「イ」「ウ」「エ」「オ」と口の形に気をつけながら読みます。そのとき、手拍子を打ちながら、「ア」「イ」「ウ」「エ」「オ」と一文字が一音であることを確認させるとよいでしょう。必ず、早口にならないように気をつけます。早口になると、口の形がしっかりとれないからです。「ア」行が読めたら、「カ」行の五文字を読みます。「カ」「キ」「ク」「ケ」「コ」と手拍子を打つなどして、口をしっかり開けて読みます。「カ」行も「ア」行と同じ口の形です。きちんと読めた文字には、◇に○をしましょう。濁音、半濁音も同様に指導します。

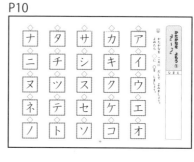

【十六ページから十九ページまで】

三つのビンの中に、ランダムに十五文字ずつ清音が書かれています。

一つ目のビンは、「ア」行「カ」行「サ」行、二つ目のビンは、「タ」行「ナ」行「ハ」行、三つ目のビンは、「マ」行「ヤ」行「ラ」行「ワ」行「ン」になっています。正しく読めた文字には、○をします。色鉛筆で色ぬりをすると、きれいなビンができあがります。色ぬりは、運筆練習にもなりますので、時間があればぜひしましょう。ここでも、一文字一音ずつ手拍子を打ちながら読む練習も取り入れます。

二枚目は、「ガ」行「ザ」行のビンと「ダ」行「バ」行のビン、「パ」行のビンに分かれています。清音と同様に、ゆっくり大きな声で口の形に気をつけて取り組みます。

十八ページはかたかな清音四十六文字、十九ページには濁音、半濁音二十五文字が一枚のシートにランダムに並んでいます。ここでもゆっくり大きな声で口の形に気をつけながら読みます。

かたかなを　かこう・ことばを　よもう

P20

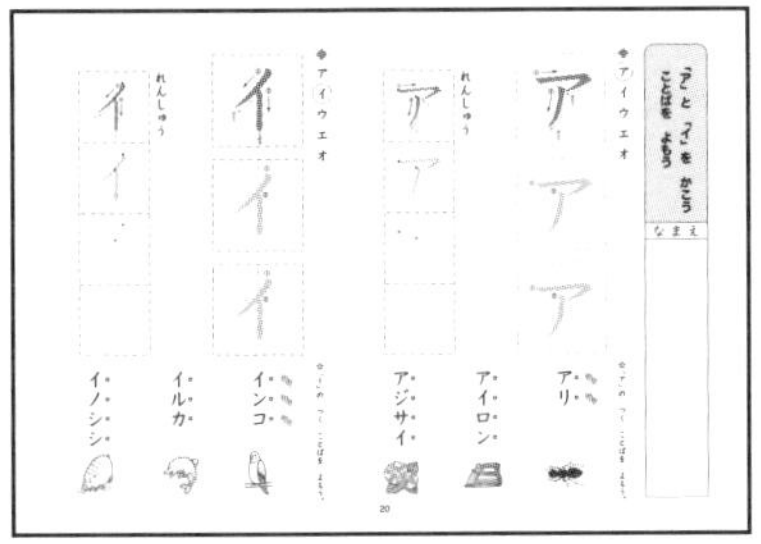

P21

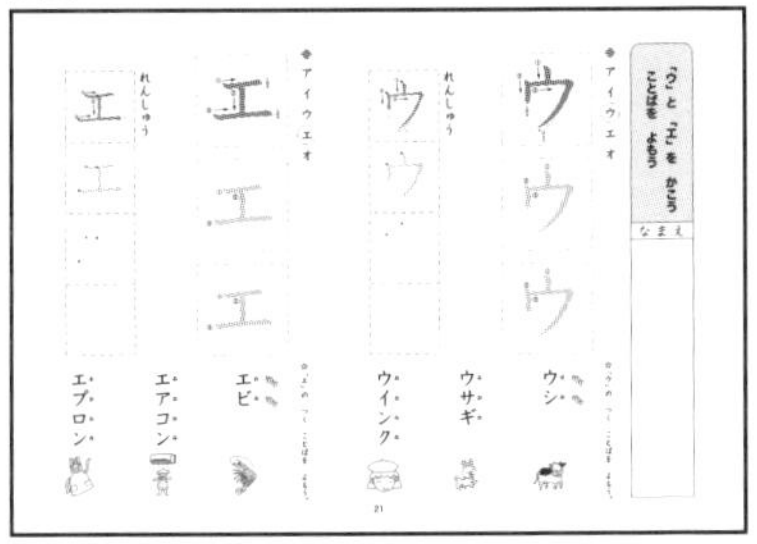

P22

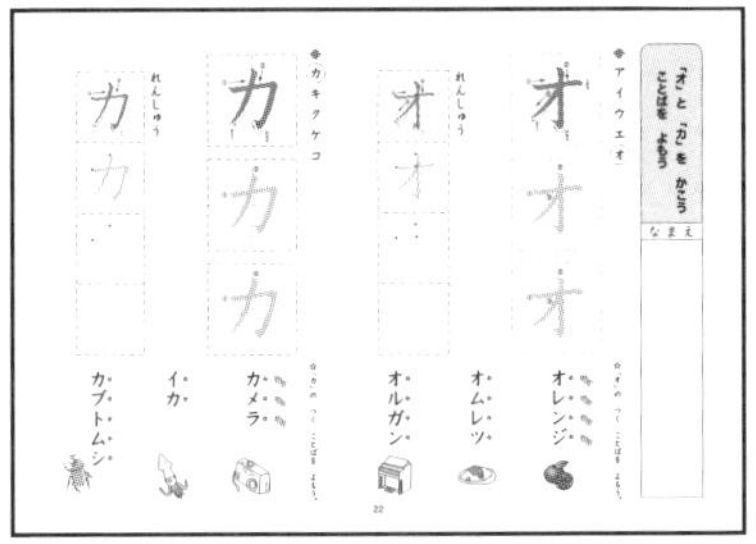

P23

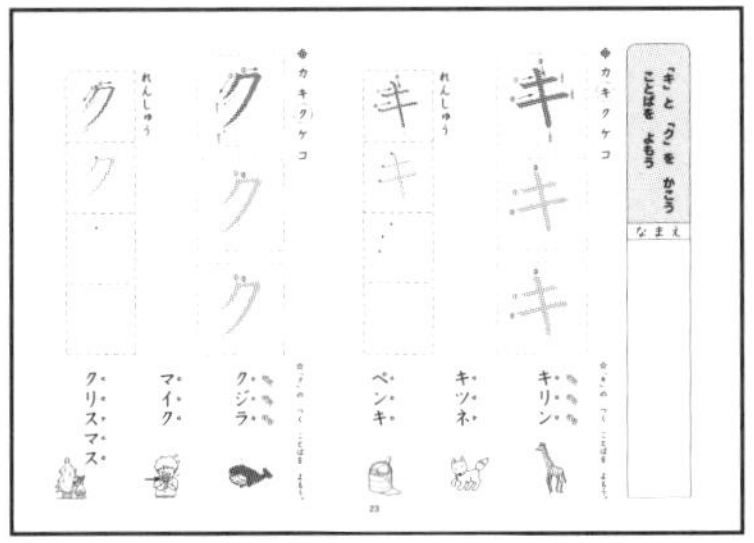

【二十ページから四十二ページまで】

1 かたかな五十音を、書き順に気をつけて、ゆっくりていねいに書き、書いたあと、下の言葉を読むワークシートです。

ワークシートは五十音順に並んでいますが、児童の書きやすい文字から練習するとよいでしょう。形のよく似ているまちがいやすい「ソ」と「リ」、「シ」と「ツ」、「ソ」と「ン」などはとりたてて指導してもよいでしょう。

児童の特性に合わせて、児童に寄りそって指導の順序を選択して下さい。

① まず、お手本の文字を指でなぞります。ア なら一、二と画数を言いながら指でなぞります。「とめる」「はらう」は、先生がその子の指なぞりを見ながらタイミングよく言ってあげるとよいでしょう。

② 次に、お手本の下の二文字を書きます。フェルトペンやクーピーのような太字の文字が書けるものがよいでしょう。一画目は青、二画目は赤、三画目は緑と色を決めて書くと、色分けできて、書き順への意識が高まります。

③ 最後は、お手本を見ながら書く練習です。書き出しの●がないマスが一ヶ所あります。マス目の中のどのあたりから書くか注意を向けさせて書きましょう。

2 ワークシートの下段の「ことばを　よもう」の言葉は、手をたたきながら読んで、音韻認識を確かなものにするためのものです。

音韻認識とは、言葉がいくつのモーラ（拍）からできているかを認識することです（モーラは日本語では「拍」と呼ぶことが多いです）。モーラ（拍）とは、日本語の音を数える際の単位です。日本語は基本仮名文字一文字が一拍です。但し、「チャ」「チュ」「チョ」などの音は、小書きの仮名も含めて一拍とします。

促音「ッ」と長音は一拍と数えます。

P24

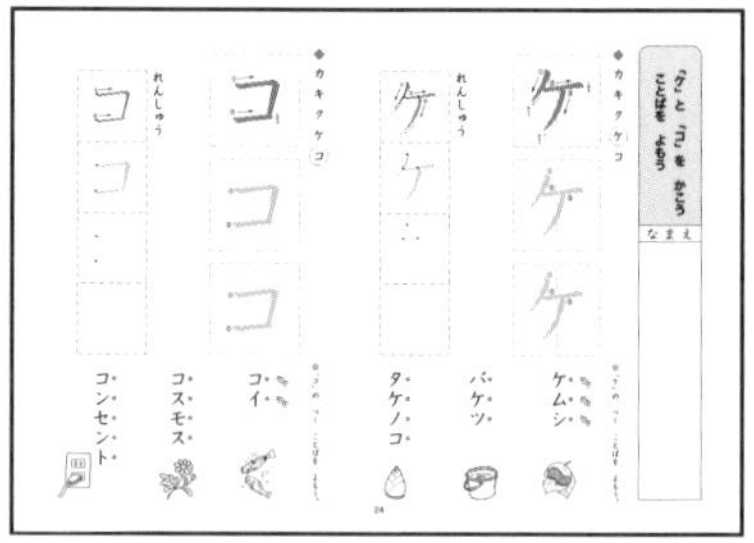

P25

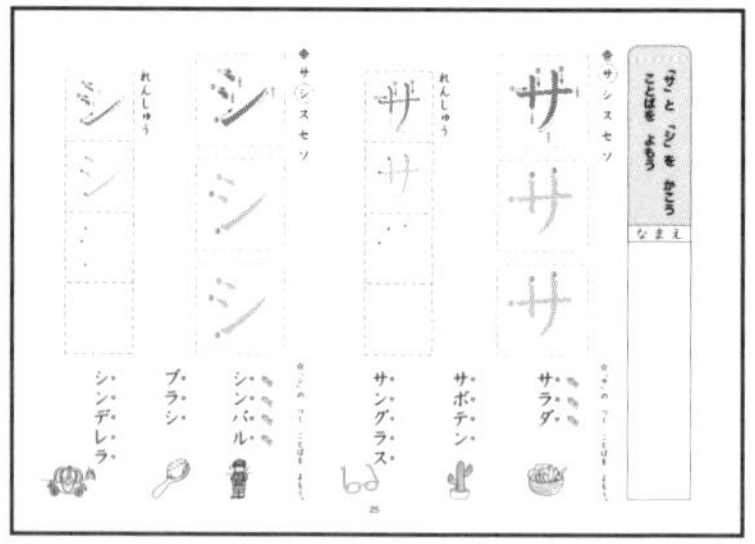

音韻認識が育ってくると、次のようなことができるようになります。

① 言葉がいくつの拍（モーラ）からできているかがわかる。
（音韻分解）

② それぞれの拍（モーラ）がどういう音かがわかる。
（音韻抽出）

③ 文字と音を対比させることができる。

例えば二十ページのワークシートを例として説明しましょう。

①  の絵を見ながら「アリ」と読みます。その時も●の数だけ手をたたきます。「アリ」は二拍（2モーラ）であることが手の動作化でよくわかります。（音韻分解）

② 声に出すと同時に手をたたくことで、「アリ」が「ア」と「リ」という音からできていることがわかります。（音韻抽出）

③ イラストがどの単語にもあるので、単語がどんな具体物を示しているのかが理解できます。

こえに　だして　よもう

P48

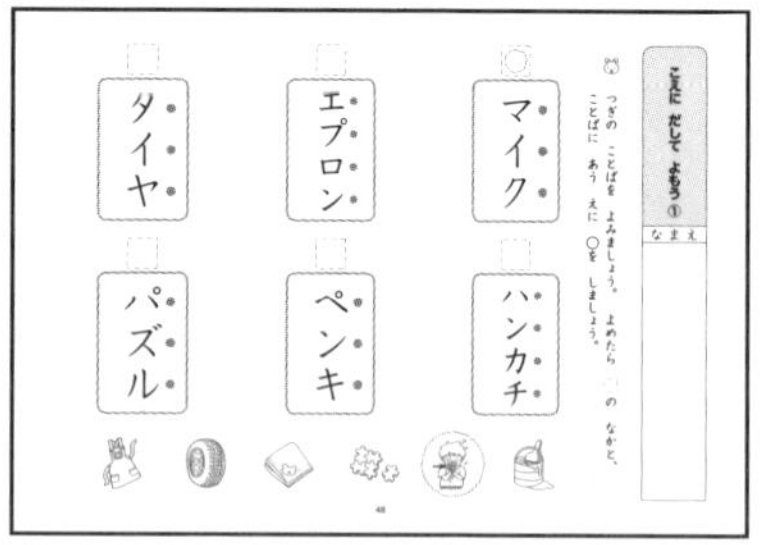

【四十八ページから四十九ページまで】

まず、「マイク」と手をたたきながら、はっきり、ゆっくり読みます。「マイク」が三拍であることが手をたたきながら読むことでよくわかります。

次に、下のイラストを見て、マイクに○をします。正しくできたら、指導される方が マイク の□に○をしてあげましょう。

ことばあそび　しりとり・ことばを　かこう

P50

【五十ページから五十三ページまで】

楽しくしりとりをしながら、音の数を学習します。

シカ → カラス → スイカ と音の数だけ手をたたきながら、しりとりをします。早口にならないように気をつけます。ゆっくり、はっきり発音できているか、きちんと確認します。

シカ は二拍、カラス は三拍、スイカ も三拍であることをイラストと対応させながら楽しく学習します。

ただしい　ことばを　えらぼう

P54

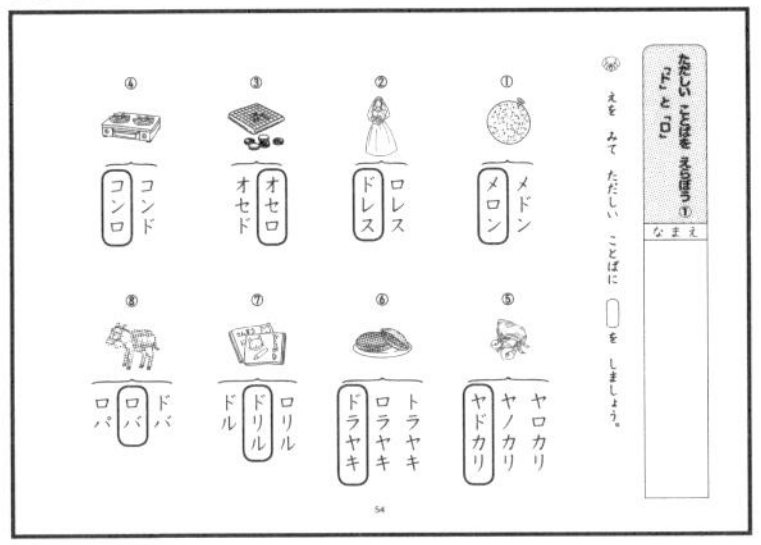

【五十四ページから五十六ページまで】

「ド」と「ロ」、「デ」と「レ」、「ギ」と「ジ」、「ダ」と「ラ」の音の違いを正しく認識するためのワークシートです。

二つの言葉をゆっくり大きく口を開けて、はっきりと読むよう指導しましょう。読んだあと、絵に合う言葉に○をしたり、正しい文字を書いたりします。

指導者が読みのお手本を示して、児童が音の違いを認識するよう支援してあげましょう。

かけるかな

P57

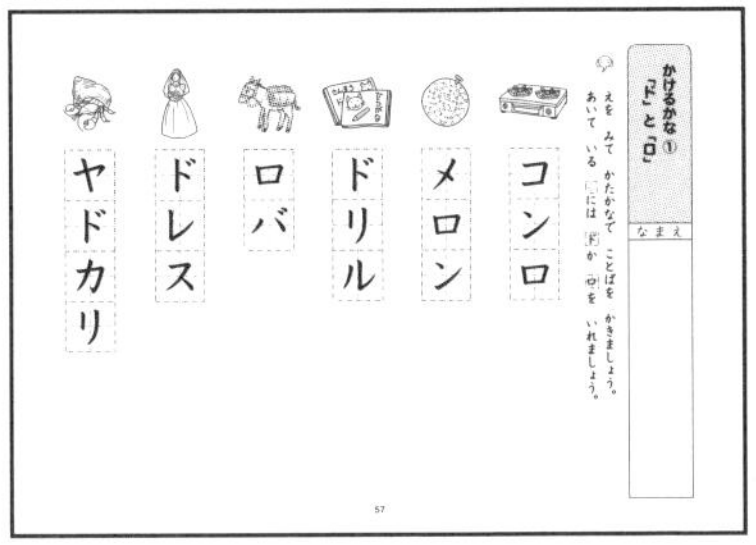

【五十七ページから五十九ページまで】

「ド」と「ロ」、「デ」と「レ」、「ギ」と「ジ」、「ダ」と「ラ」の音の違いを正しく認識し、イラストを見てかたかなで書きます。書いたあと、口を開けてはっきり読むように指導しましょう。

指導者が読みのお手本を示して、児童が音の違いを認識するよう支援してあげましょう。

ことばあそび　せんで　つなごう

P66

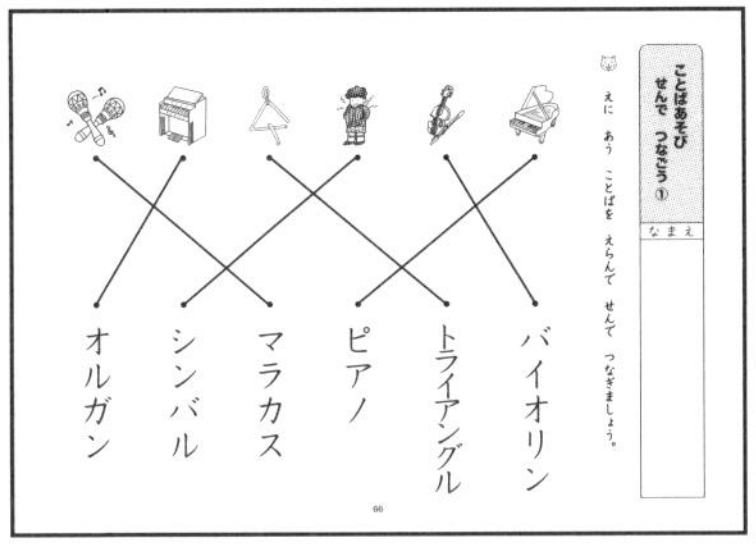

【六十六ページから六十七ページまで】

文字と言葉が一致するかを確かめるワークシートです。はじめに「バイオリン」と読みます。しっかり読めたら、上のバイオリンのイラストと線で結びます。次に、「トライアングル」と読んで、線で結びます。一つずつていねいにしましょう。ゆっくりていねいに読むため、手をたたきながら読むなど、はっきり発音できるよう工夫しましょう。

にて　いる　かたかな

P68

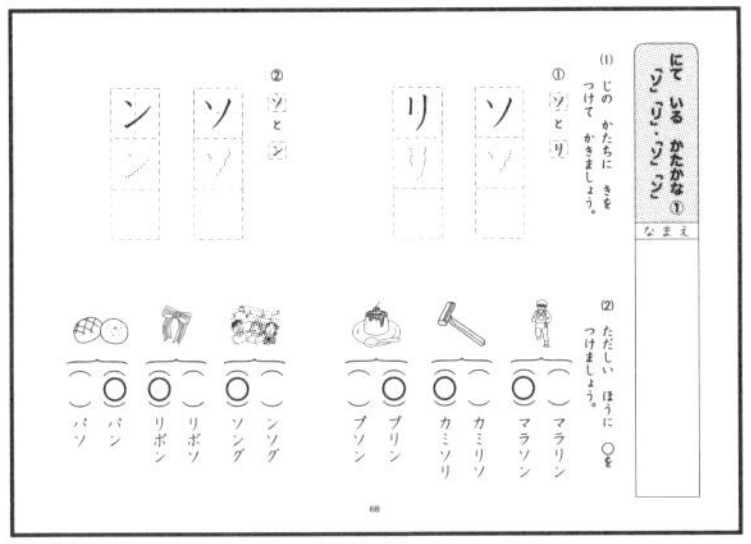

【六十八ページから七十三ページまで】

「ソ」と「リ」、「ソ」と「ン」など、形の似ているかたかなを正しく書き分けるワークシートです。まず、正しく読めているかを確認します。次に、正しく読めていたら、形に気をつけてゆっくりていねいに書きます。「ソ」を一文字書いたら、次に、「リ」を一文字と、交互に違いに気をつけながら書くと効果的でしょう。

最後に、イラストの言葉を読んで正しいほうに○をします。

かたかなを　よもう　①
「ア」～「ノ」

なまえ

かたかなを　こえに　だして　よみましょう。
よめたら　◇に　○を　しましょう。

◇ア ◇イ ◇ウ ◇エ ◇オ

◇カ ◇キ ◇ク ◇ケ ◇コ

◇サ ◇シ ◇ス ◇セ ◇ソ

◇タ ◇チ ◇ツ ◇テ ◇ト

◇ナ ◇ニ ◇ヌ ◇ネ ◇ノ

かたかなを　よもう　「ハ」～「ン」②

なまえ

かたかなを　こえに　だして　よみましょう。
よめたら　◇に　○を　しましょう。

ハ　ヒ　フ　ヘ　ホ

マ　ミ　ム　メ　モ

ヤ　(イ)　ユ　(エ)　ヨ

ラ　リ　ル　レ　ロ

ワ　(イ)　(ウ)　(エ)　ヲ

ン

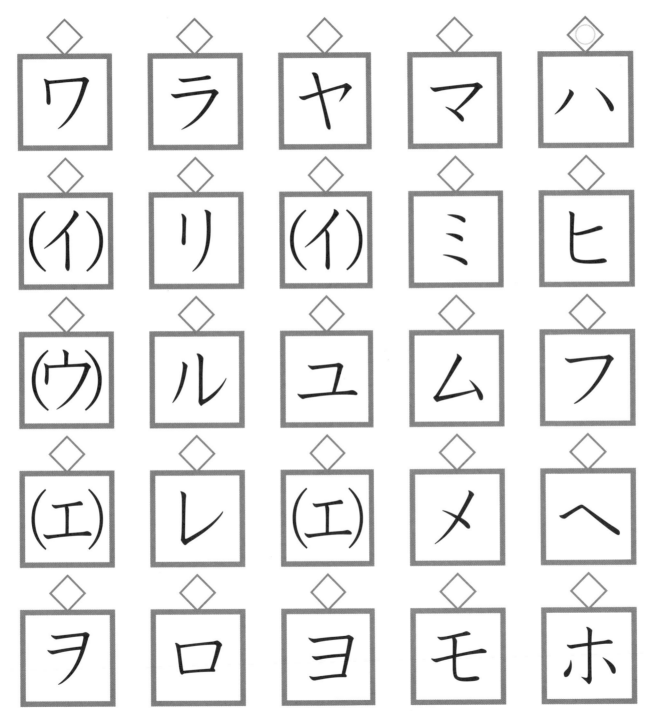

かたかなを　よもう ③
「゛」「゜」の ある かたかな

なまえ

かたかなを　こえに　だして　よみましょう。
よめたら　◇に　○を　しましょう。

ガ	ザ	ダ	バ	パ
ギ	ジ	ヂ	ビ	ピ
グ	ズ	ヅ	ブ	プ
ゲ	ゼ	デ	ベ	ペ
ゴ	ゾ	ド	ボ	ポ

かたかなを よもう④
「ア」～「ノ」

なまえ

かたかなを こえに だして よみましょう。
よめたら ◇に ○を しましょう。

セ ア キ チ ニ

ケ ヌ ス イ ノ

カ ウ ツ ソ ナ

ネ コ シ テ オ

サ ク ト エ タ

かたかなを よもう ⑤
「ハ」～「ン」

なまえ

かたかなを こえに だして よみましょう。
よめたら ◇に ○を しましょう。

ラ
ハ
ム
モ
リ

ホ
レ
ヒ
マ
ユ

ワ
メ
ル
ヘ
ン

ロ
フ
ヤ
ヲ
ミ

ヨ

かたかなを　よもう ⑥
「゛」「゜」の　ある　かたかな

なまえ

かたかなを　こえに　だして　よみましょう。
よめたら　◇に　○を　しましょう。

ジ
ダ
パ
ピ
ゼ

ペ
ギ
ズ
ボ
ヂ

ガ
バ
プ
ド
ゾ

ビ
ザ
グ
ヅ
ベ

ゴ
ポ
デ
ゲ
ブ

かたかなを よもう ⑦
「ア」〜「ソ」・「タ」〜「ホ」・「マ」〜「ン」

なまえ

かたかなを こえに だして よみましょう。
よめたら かたかなに ○を しましょう。

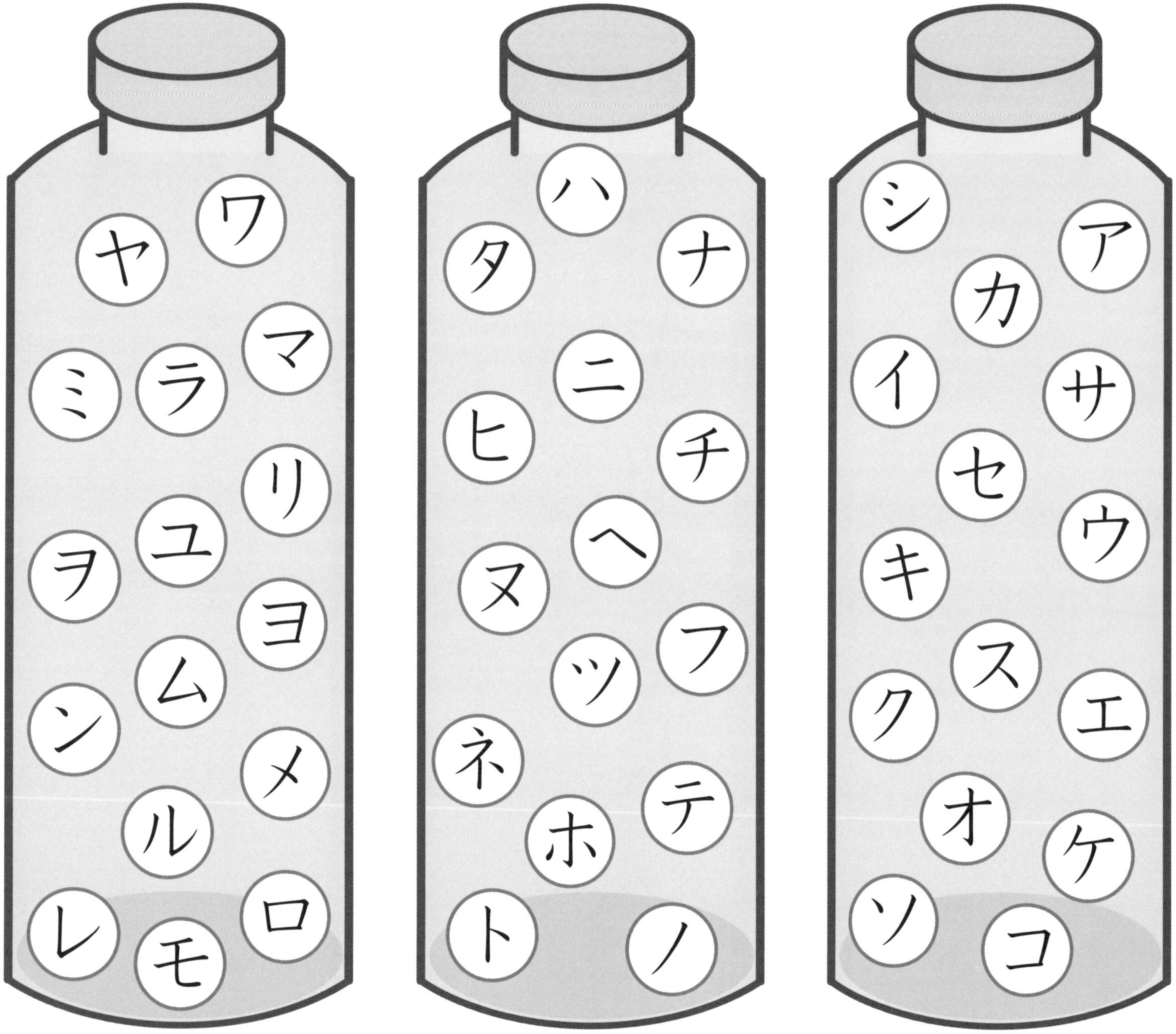

かたかなを　よもう⑧
「ガ」〜「ゾ」・「ダ」〜「ボ」・「パ」〜「ポ」

なまえ

かたかなを　こえに　だして　よみましょう。
よめたら　かたかなに　○を　しましょう。

かたかなを よもう ⑨ 「ア」～「ン」

なまえ

かたかなを こえに だして よみましょう。
よめたら かたかなに ○を しましょう。

タ ヤ サ ラ マ ム カ リ
ア ユ チ ミ ハ レ
メ モ キ ル シ ヒ ス イ
セ ナ ツ ク テ ヨ ニ ウ
ン ヘ フ ト エ
ホ コ ケ ネ オ ロ
ソ ヲ ノ ヌ ワ

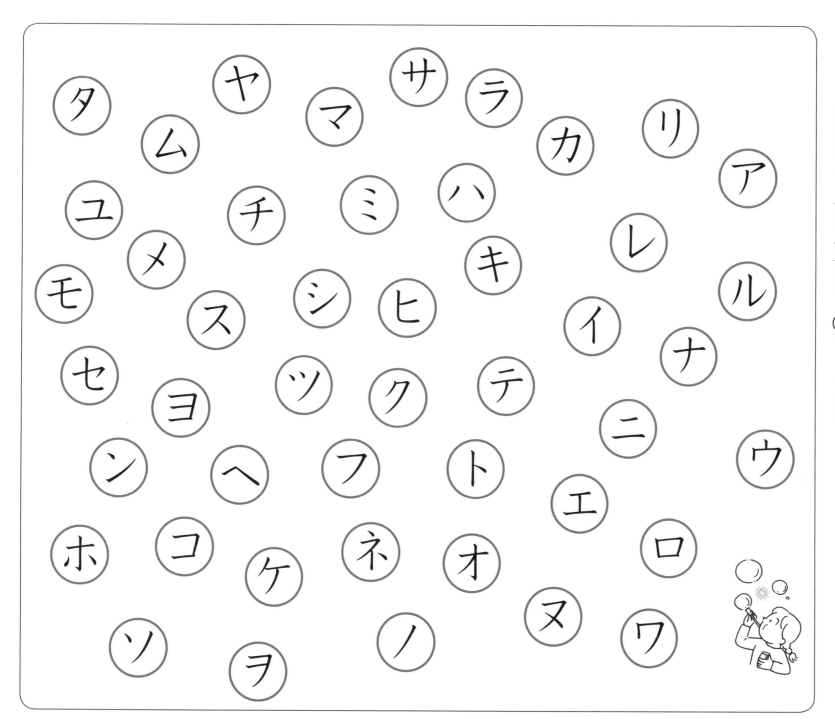

かたかなを よもう ⑩
「゛」「゜」の ある かたかな

なまえ

かたかなを こえに だして よみましょう。
よめたら かたかなに ◯を しましょう。

ガ　ポ　パ　バ　ビ　ペ　ザ　ピ　ブ　ゾ　ゼ　ギ　ジ　ダ　プ　デ　ズ　ゲ　ベ　ゴ　ヅ　チ　グ　ド　ボ

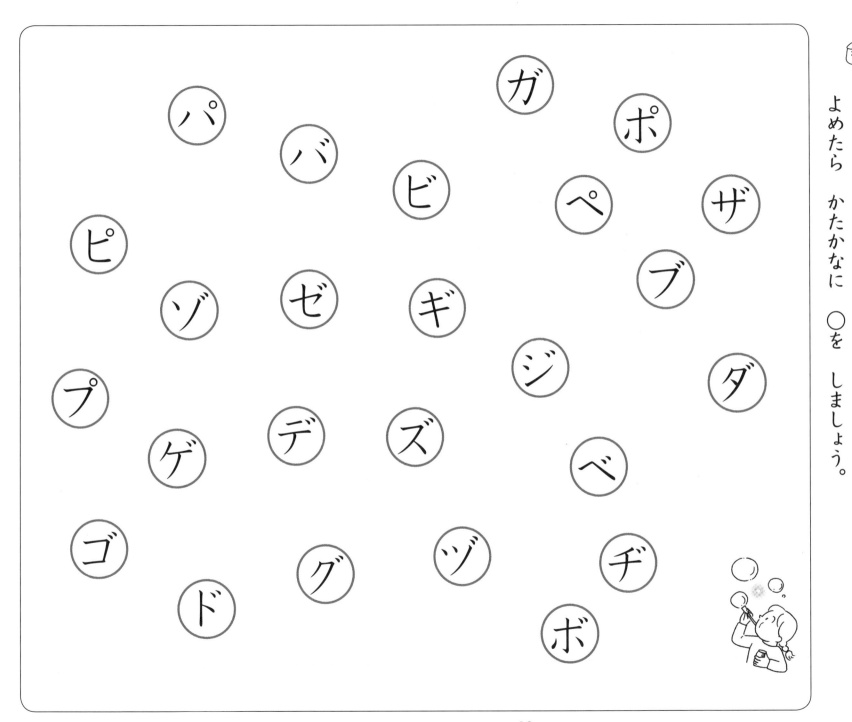

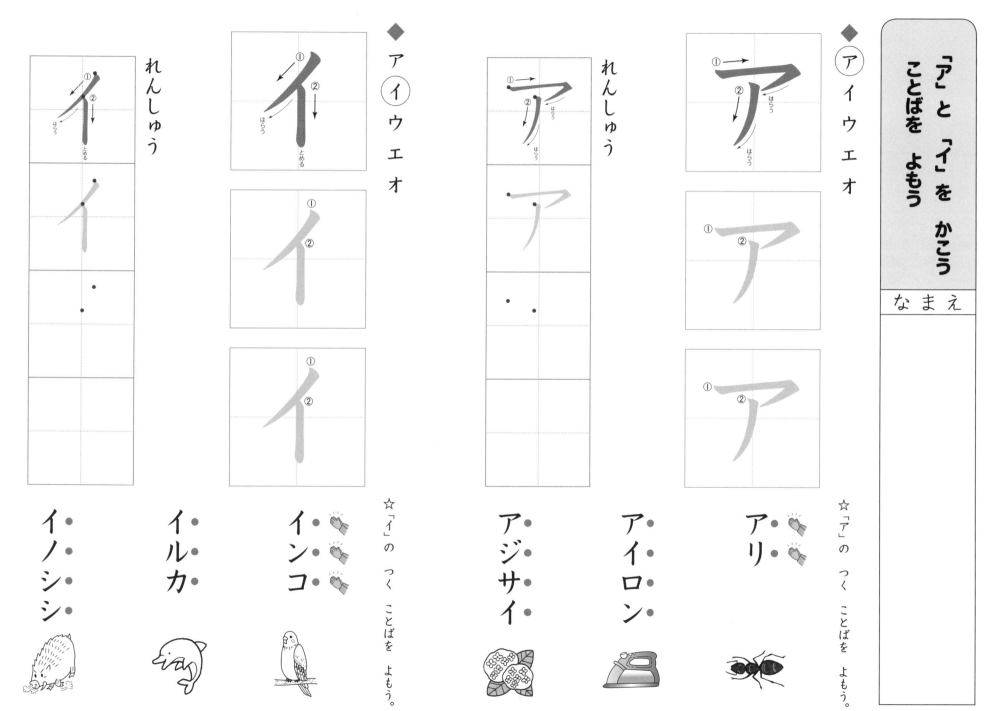

「ア」と「イ」を かこう
ことばを よもう

なまえ

◆ ア イ ウ エ オ

れんしゅう

☆「ア」の つく ことばを よもう。

アリ

アイロン

アジサイ

◆ ア イ ウ エ オ

れんしゅう

☆「イ」の つく ことばを よもう。

インコ

イルカ

イノシシ

「ウ」と「エ」を かこう ことばを よもう

なまえ

◆ アイウエオ

ウ ①②③ とめる はらう

れんしゅう

☆「ウ」の つく ことばを よもう。

ウシ

ウサギ

ウインク

◆ アイウエオ

エ ①②③ とめる とめる

れんしゅう

☆「エ」の つく ことばを よもう。

エビ

エアコン

エプロン

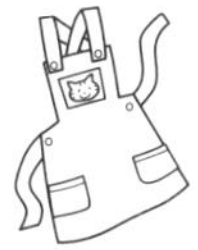

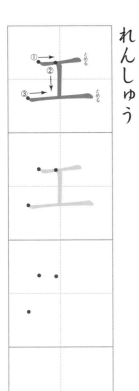

「オ」と 「カ」を かこう
ことばを よもう

なまえ

◆ アイウエオ

オ

とめる
はらう
はねる

れんしゅう

☆「オ」の つく ことばを よもう。

オレンジ

オムレツ

オルガン

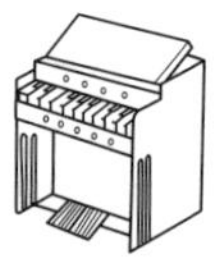

◆ カキクケコ

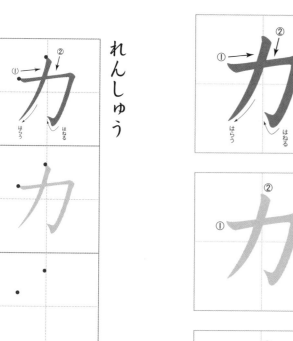

カ

はらう
はねる

れんしゅう

☆「カ」の つく ことばを よもう。

カメラ

イカ

カブトムシ

「キ」と「ク」を かこう
ことばを よもう

なまえ

◆ カ キ ク ケ コ

キ ① ② ③ とめる とめる とめる

キ ① ② ③ とめる とめる とめる

れんしゅう

☆「キ」の つく ことばを よもう。

キリン

キツネ

ペンキ

◆ カ キ ク ケ コ

ク ① ② はらう はらう

ク ① ② はらう はらう

れんしゅう

☆「ク」の つく ことばを よもう。

クジラ

マイク

クリスマス

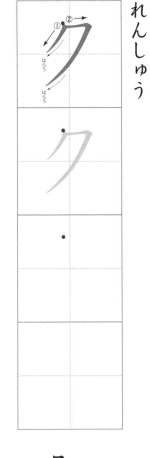

「ケ」と「コ」を かこう ことばを よもう

なまえ

◆ カキク㋘コ

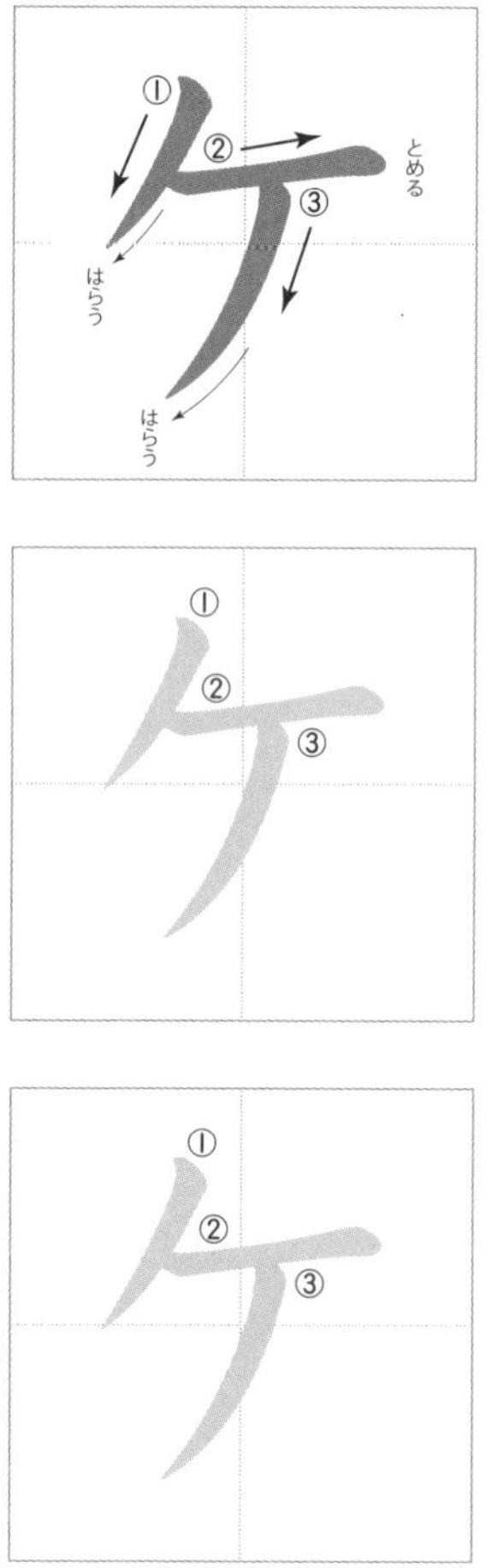

れんしゅう

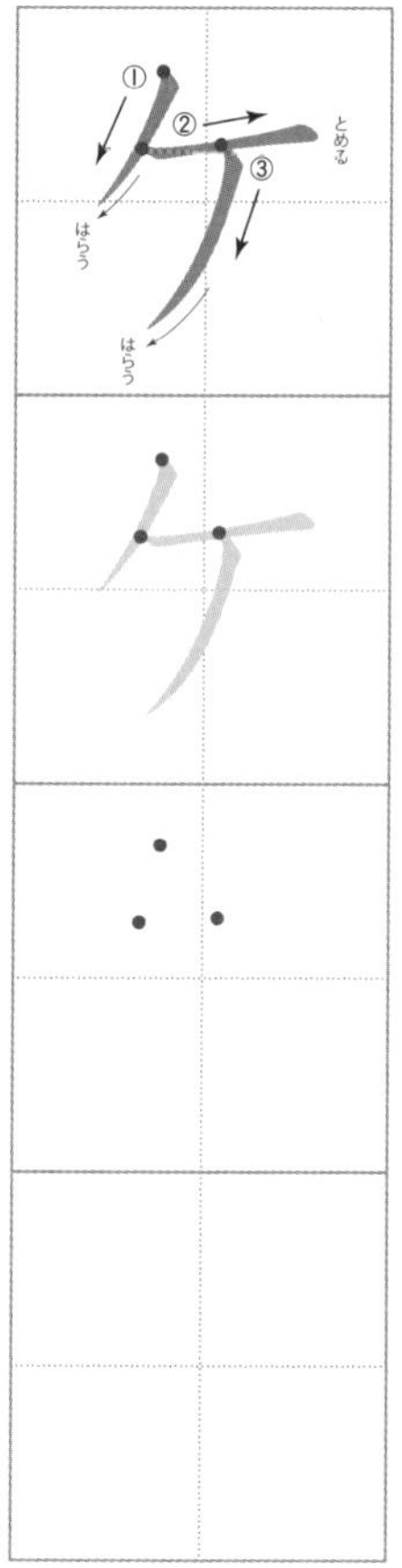

☆「ケ」の つく ことばを よもう。

ケムシ

バケツ

タケノコ

◆ カキクケ㋙

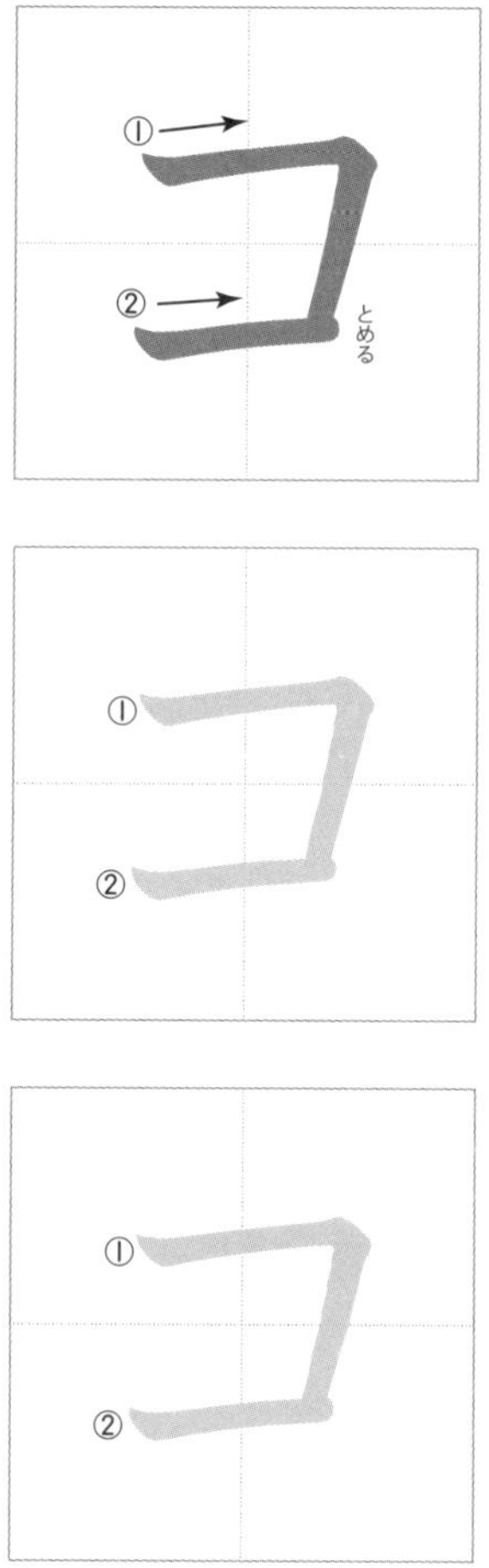

れんしゅう

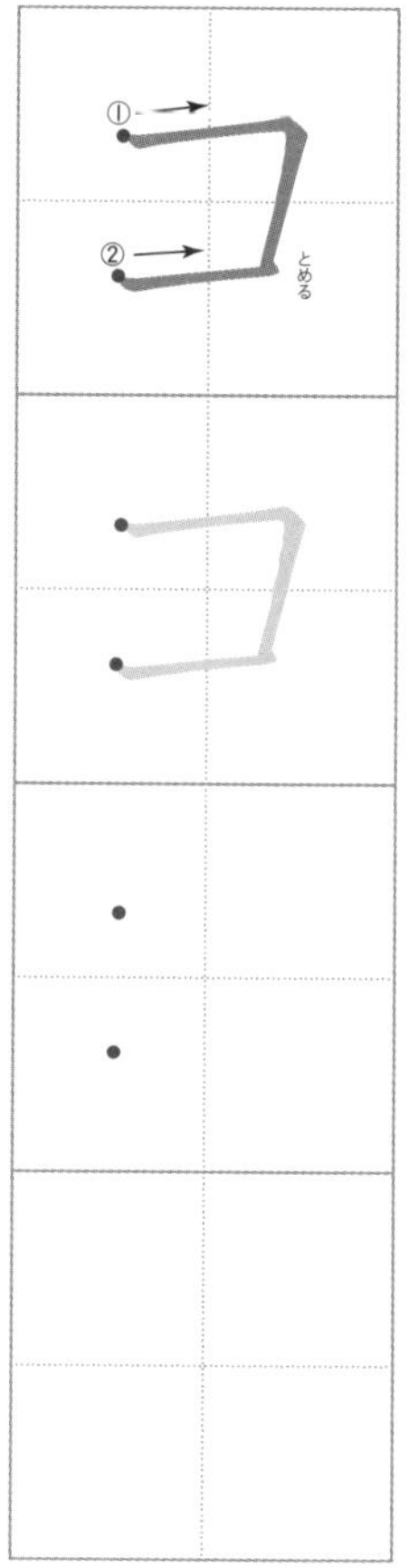

☆「コ」の つく ことばを よもう。

コイ

コスモス

コンセント

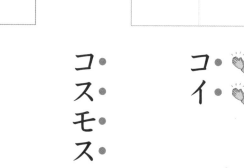

「サ」と「シ」を　かこう　ことばを　よもう

なまえ

◆ ㋚ シ ス セ ソ

とめる
とめる
はらう

れんしゅう

☆「サ」の　つく　ことばを　よもう。

サラダ

サボテン

サングラス

◆ サ ㋛ ス セ ソ

とめる
とめる
はらう

れんしゅう

☆「シ」の　つく　ことばを　よもう。

シンバル

ブラシ

シンデレラ

「ス」と 「セ」を かこう
ことばを よもう

なまえ

◆ サ シ ス セ ソ

とめる
はらう

れんしゅう

☆「ス」の つく ことばを よもう。

スタンプ

ポスト

スイミング

◆ サ シ ス セ ソ

とめる

れんしゅう

☆「セ」の つく ことばを よもう。

セミ

セロリ

パセリ

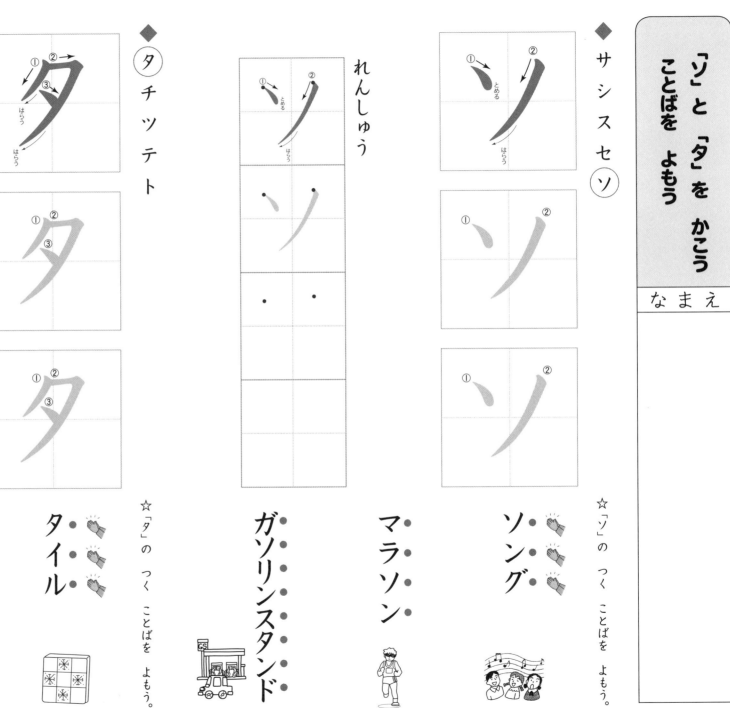

「ソ」と「タ」を かこう
ことばを よもう

なまえ

◆ サシスセ㋞

れんしゅう

◆ ㋟チツテト

れんしゅう

☆「ソ」の つく ことばを よもう。

ソング

マラソン

ガソリンスタンド

☆「タ」の つく ことばを よもう。

タイル
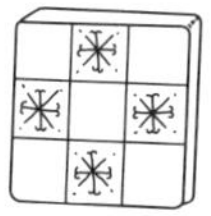

ブタ

タンバリン

「チ」と「ツ」を かこう ことばを よもう

なまえ

◆ タ チ ツ テ ト

①②③ はらう とめる

れんしゅう

☆「チ」の つく ことばを よもう。

チキン

ベンチ

ハンカチ

◆ タ チ ツ テ ト

①②③ とめる はらう

れんしゅう

☆「ツ」の つく ことばを よもう。

ツル

ツバメ

キツツキ

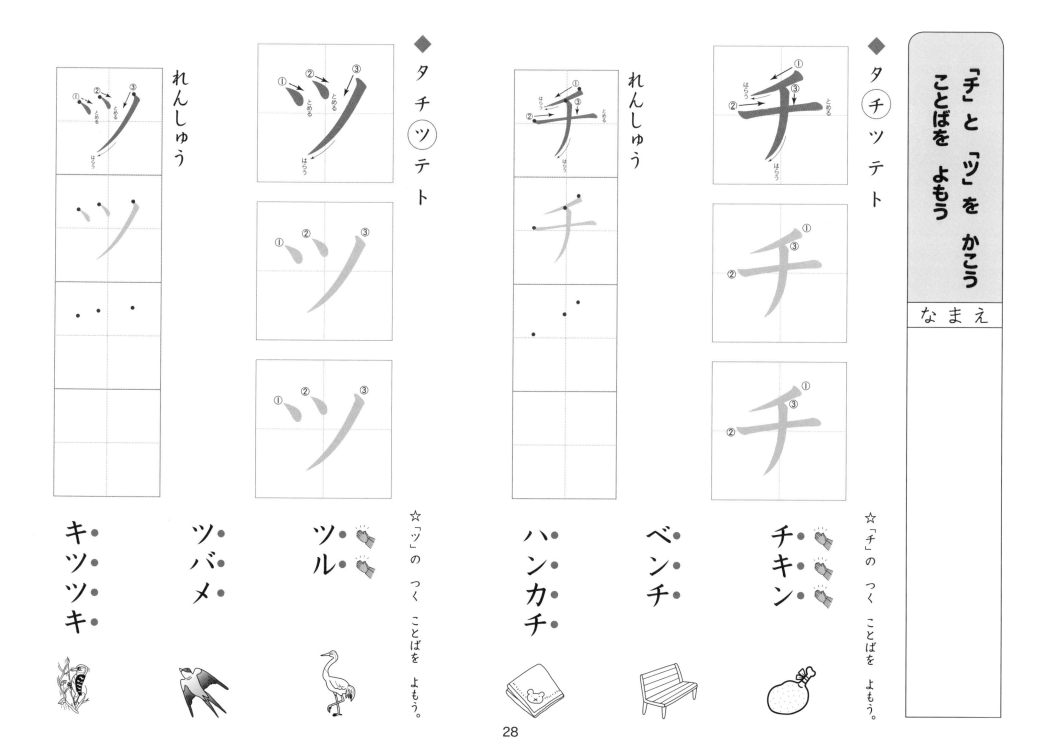

「テ」と「ト」を かこう ことばを よもう

なまえ

◆ タ チ ツ テ ト

テ
①②③
とめる
とめる
はらう

れんしゅう

☆「テ」の つく ことばを よもう。

テ・ス・ト・

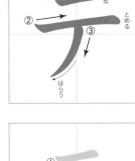

テ・ン・ト・

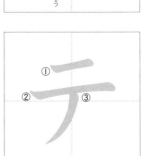

カ・ス・テ・ラ・

◆ タ チ ツ テ ト

ト
①②
とめる
とめる

れんしゅう

☆「ト」の つく ことばを よもう。

ト・マ・ト・

バ・ト・ン・

ト・ラ・ン・プ・

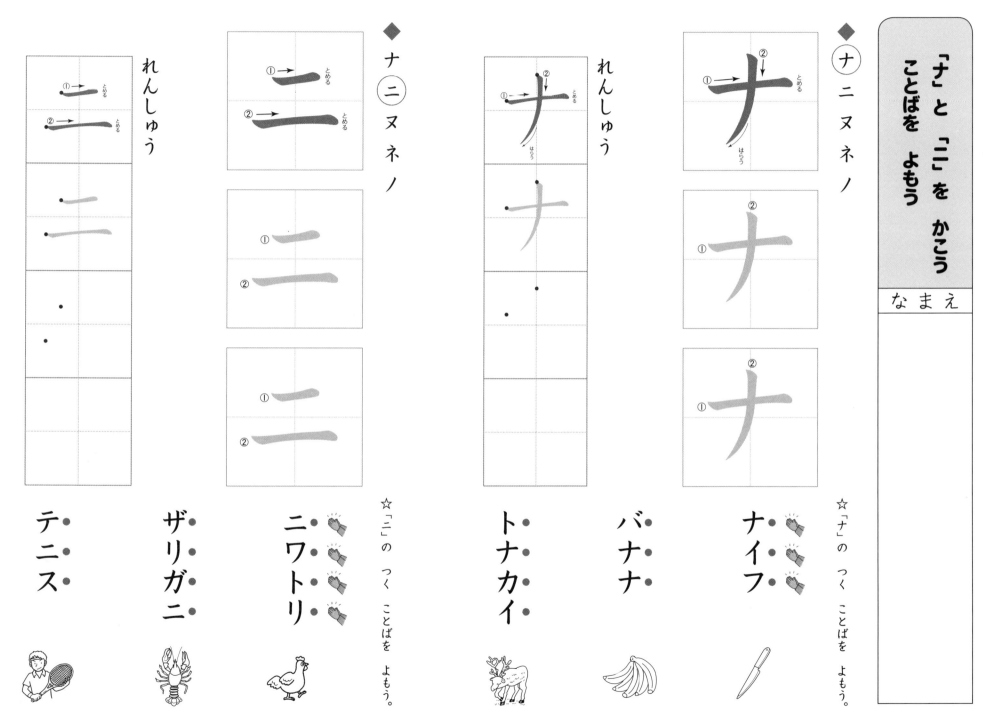

「ナ」と 「ニ」を かこう
ことばを よもう

なまえ

◆ ナ ニ ヌ ネ ノ

れんしゅう

◆ ナ ニ ヌ ネ ノ

れんしゅう

☆「ナ」の つく ことばを よもう。

ナイフ

バナナ

トナカイ

☆「ニ」の つく ことばを よもう。

ニワトリ

ザリガニ

テニス

「ヌ」と「ネ」を かこう ことばを よもう

なまえ

◆ ナ ニ ヌ ネ ノ

ヌ

とめる

はらう

れんしゅう

☆「ヌ」の つく ことばを よもう。

タヌキ

イヌ

クヌギ

◆ ナ ニ ヌ ネ ノ

ネ

とめる

はらう

れんしゅう

☆「ネ」の つく ことばを よもう。

ネズミ

ネクタイ

トンネル

「ノ」と「ハ」を かこう ことばを よもう

なまえ

◆ ナ ニ ヌ ネ ノ

れんしゅう

☆「ノ」の つく ことばを よもう。

ノブ

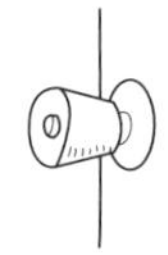

ピアノ

ピノキオ

◆ ハ ヒ フ ヘ ホ

れんしゅう

☆「ハ」の つく ことばを よもう。

ハチ

ハム

ハイキング

「ヒ」と「フ」を かこう ことばを よもう

なまえ

◆ ハ （ヒ） フ ヘ ホ

①② とめる

れんしゅう

☆「ヒ」の つく ことばを よもう。

ヒトデ

ヒラメ

アヒル

◆ ハ ヒ （フ） ヘ ホ

① はらう

れんしゅう

☆「フ」の つく ことばを よもう。

フライパン

フラミンゴ

ゴルフ

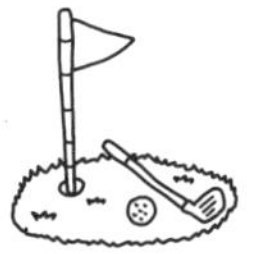

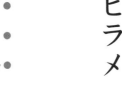

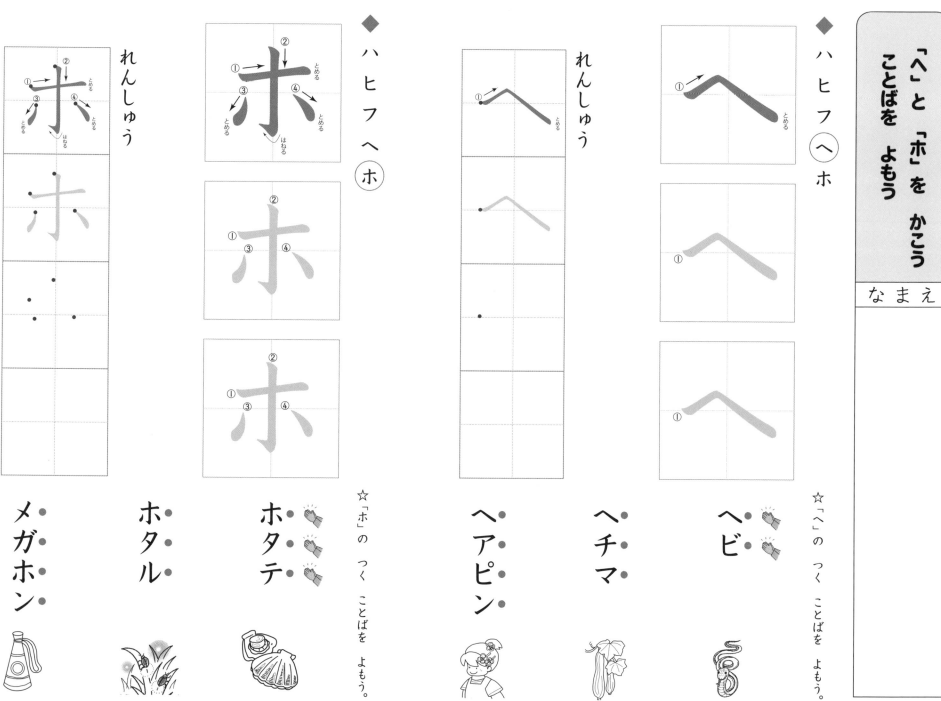

「へ」と「ホ」を かこう
ことばを よもう

なまえ

◆ ハ ヒ フ (ヘ) ホ

れんしゅう

◆ ハ ヒ フ ヘ (ホ)

れんしゅう

☆「へ」の つく ことばを よもう。

ヘビ

ヘチマ

ヘアピン

☆「ホ」の つく ことばを よもう。

ホタテ

ホタル

メガホン

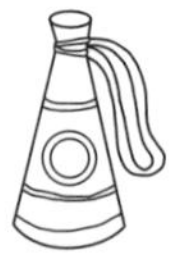

「マ」と「ミ」を　かこう　ことばを　よもう

なまえ

◆ マ　ミ　ム　メ　モ

①　②　とめる

れんしゅう

☆「マ」の　つく　ことばを　よもう。

マスク

マント

シマウマ

◆ マ　ミ　ム　メ　モ

①　とめる　②　とめる　③　とめる

れんしゅう

☆「ミ」の　つく　ことばを　よもう。

ミシン

ミルク

バドミントン

「ム」と「メ」を　かこう　ことばを　よもう

なまえ

◆ マ　ミ　ム　メ　モ

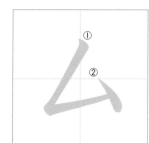

れんしゅう

☆「ム」の　つく　ことばを　よもう。

ムカデ

ドラム

タイムマシン

◆ マ　ミ　ム　メ　モ

れんしゅう

☆「メ」の　つく　ことばを　よもう。

メモ

メロン

メダル

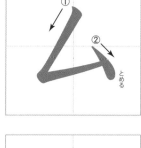

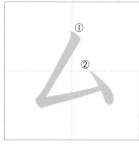

「モ」と「ヤ」を かこう ことばを よもう

なまえ

◆ マミムメモ

れんしゅう

☆「モ」の つく ことばを よもう。

モグラ

モンブラン

プラモデル

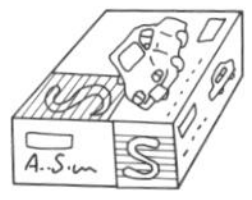

◆ ヤイユエヨ

れんしゅう

☆「ヤ」の つく ことばを よもう。

ヤギ

タイヤ

ヤドカリ

「ユ」と「ヨ」を かこう ことばを よもう

なまえ

◆ ヤ イ ユ エ ヨ

れんしゅう

☆「ユ」の つく ことばを よもう。

ユリ

ユーカリ

ユニホーム

◆ ヤ イ ユ エ ヨ

れんしゅう

☆「ヨ」の つく ことばを よもう。

ヨモギ

ヒヨコ

クレヨン

「ラ」と「リ」を かこう
ことばを よもう

なまえ

◆ ラ リ ル レ ロ

ラ

とめる

はらう

れんしゅう

☆「ラ」の つく ことばを よもう。

ライオン

マラカス

ランドセル

◆ ラ リ ル レ ロ

リ

とめる

はらう

れんしゅう

☆「リ」の つく ことばを よもう。

リボン

バイオリン

トランポリン

「ル」と 「レ」を かこう
ことばを よもう

なまえ

◆ ラ リ ル レ ロ

れんしゅう

☆「ル」の つく ことばを よもう。

タオル

ハンドル

トライアングル

◆ ラ リ ル レ ロ

れんしゅう

☆「レ」の つく ことばを よもう。

レモン

テレビ

プレゼント

「ロ」と「ワ」を かこう ことばを よもう

なまえ

◆ ラリルレロ

とめる

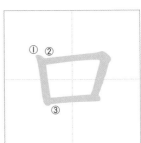

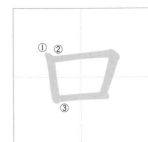

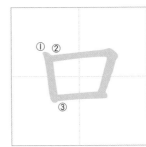

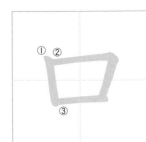

れんしゅう

☆「ロ」の つく ことばを よもう。

コンロ

ババロア

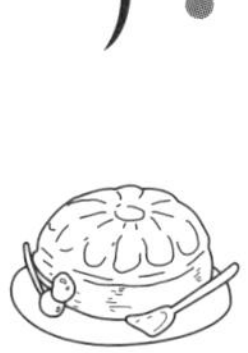

マカロニ

◆ ワイウエヲ

とめる

はらう

れんしゅう

☆「ワ」の つく ことばを よもう。

ワニ

ワカメ

ワイン

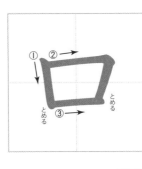

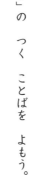

「ヲ」と 「ン」を かこう ことばを よもう

なまえ

◆ ワイウエ ヲ

れんしゅう

◆ ン

れんしゅう

☆「ン」の つく ことばを よもう。

ペン

パンダ

ペンギン

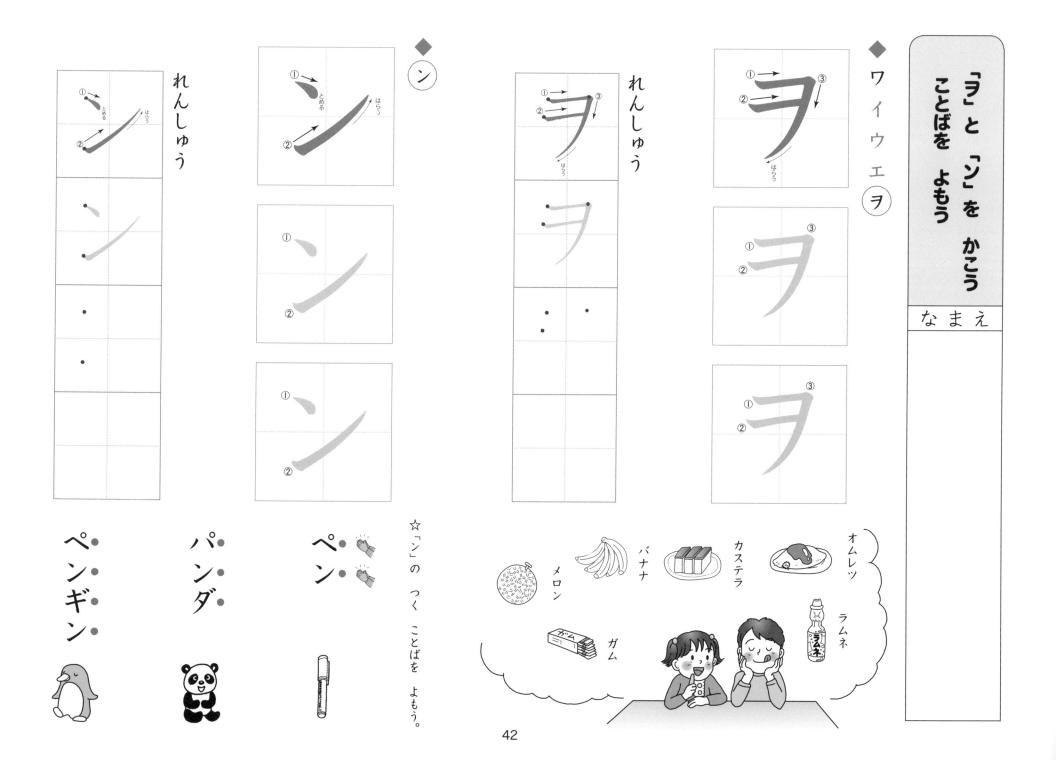

かたかなを　かこう「ガ・ギ・グ・ゲ・ゴ」

なまえ

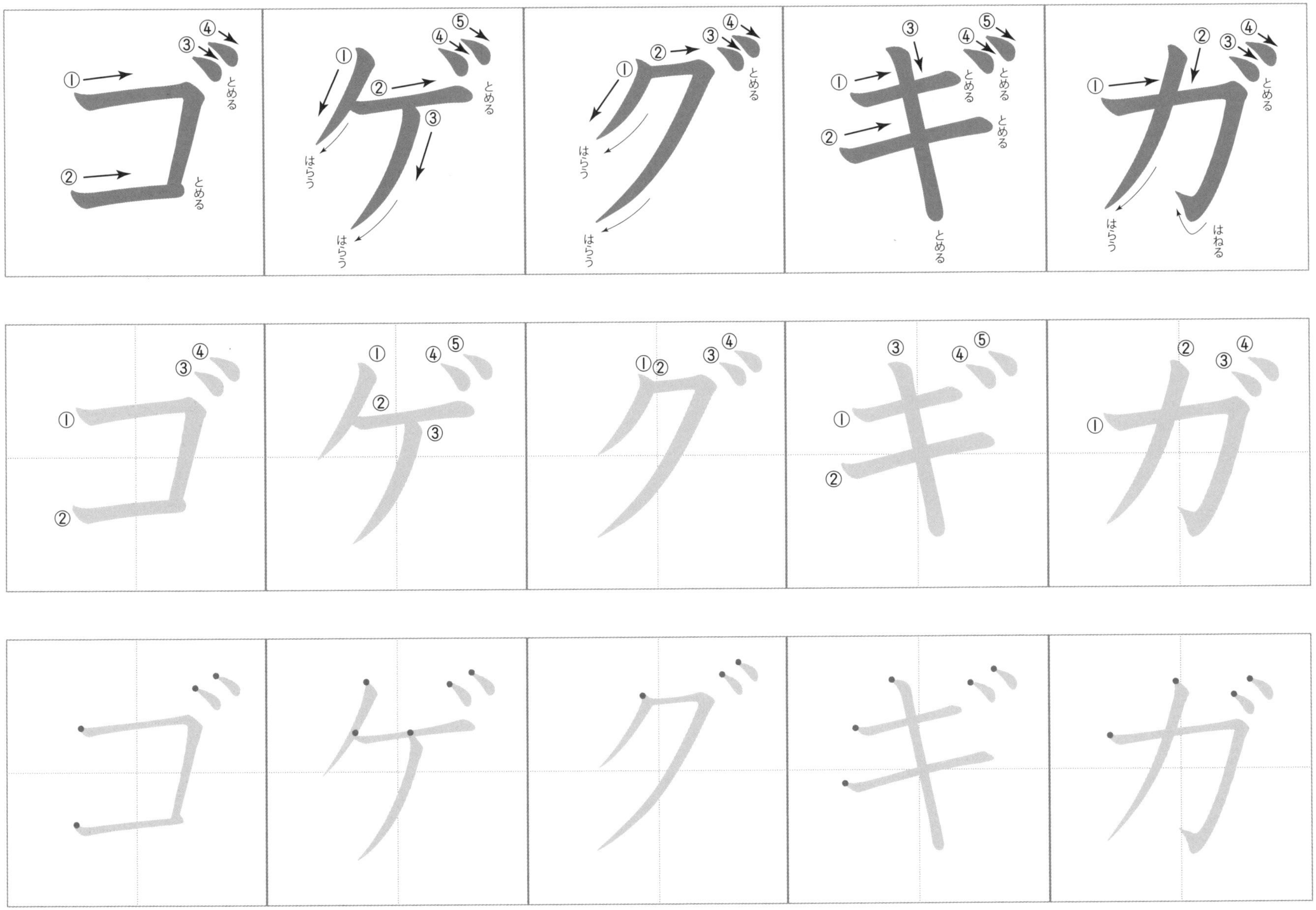

かたかなを　かこう「ザ・ジ・ズ・ゼ・ゾ」

なまえ

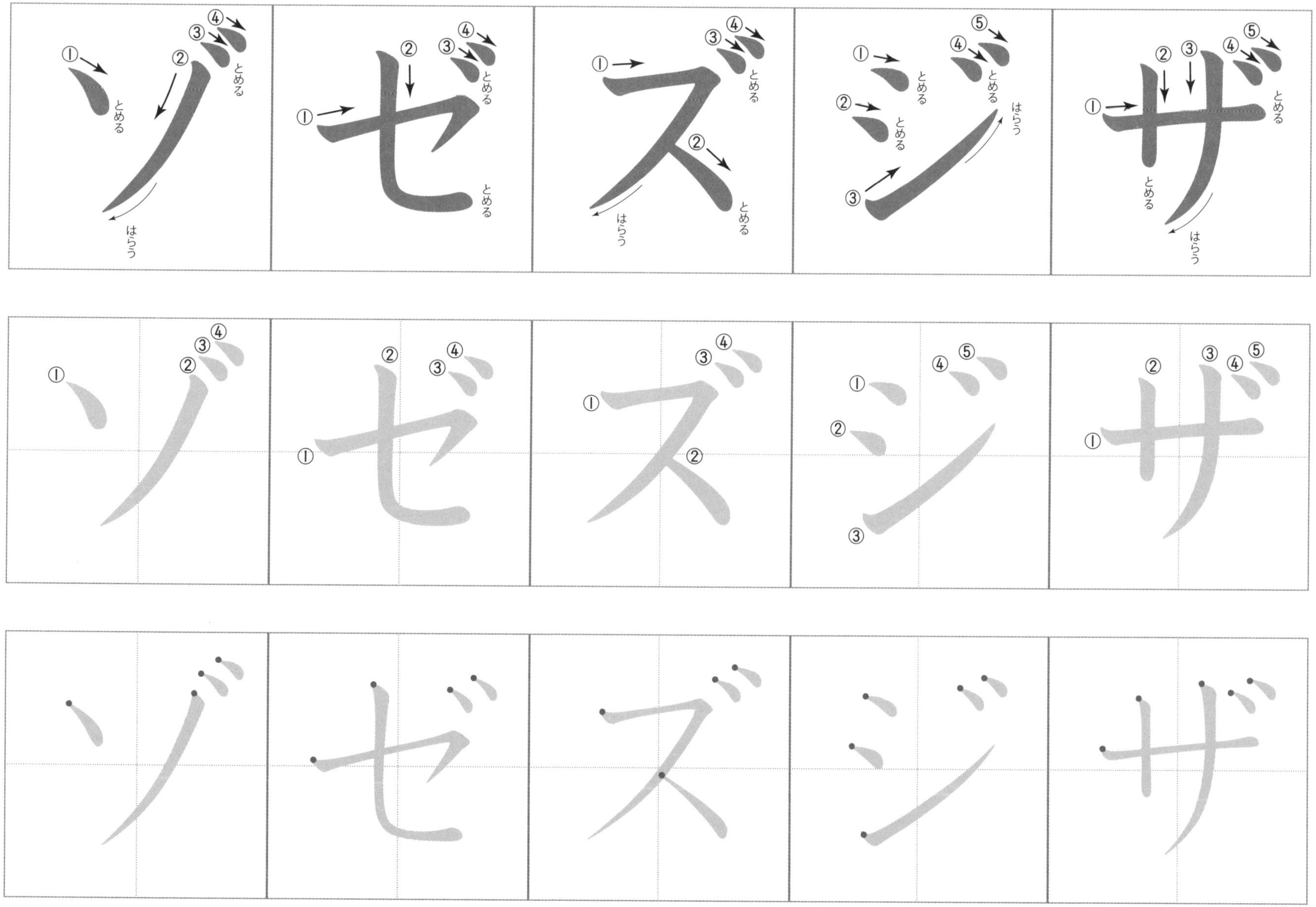

かたかなを　かこう

「ダ・ヂ・ヅ・デ・ド」

なまえ

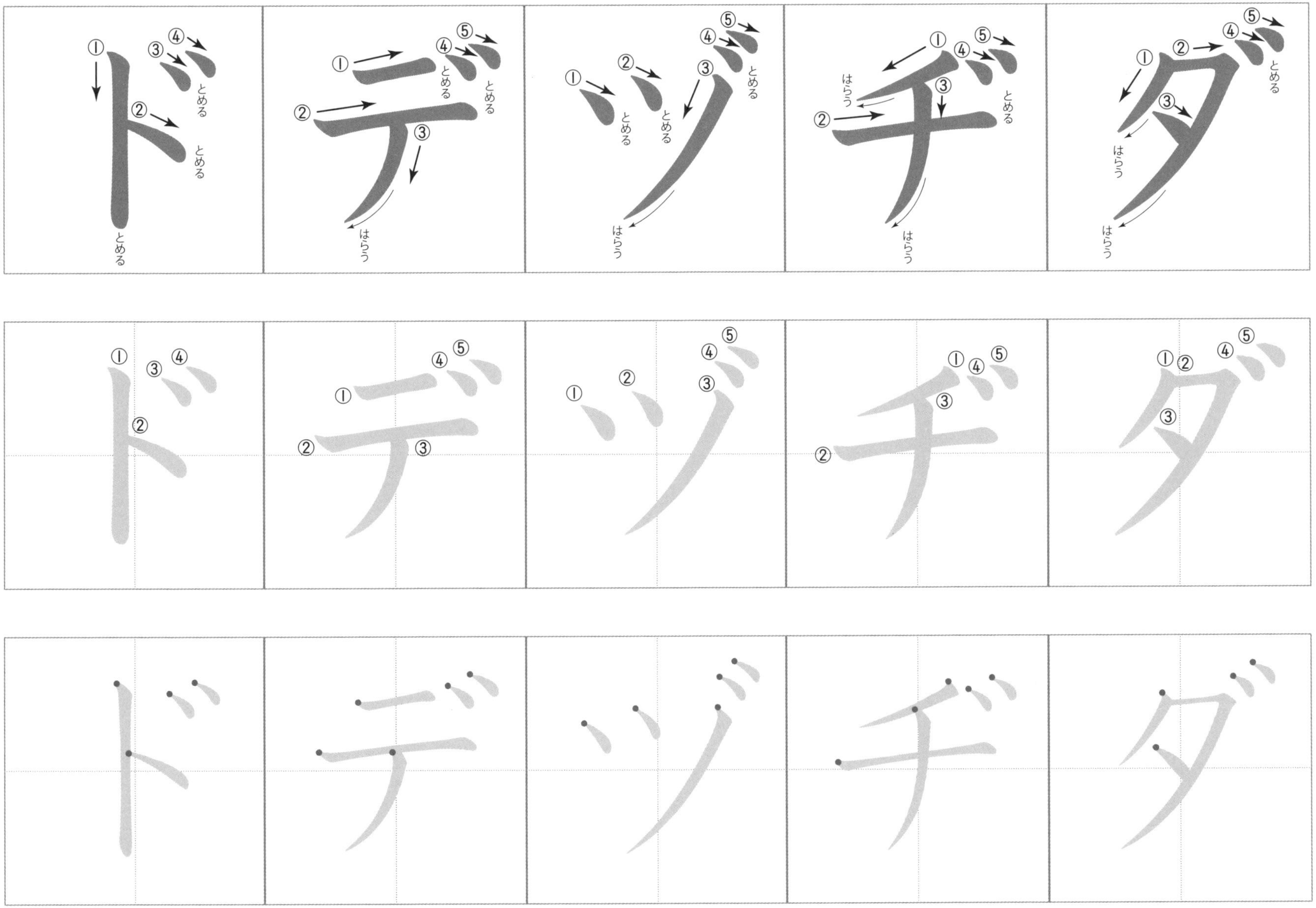

かたかなを　かこう「バ・ビ・ブ・ベ・ボ」

なまえ

かたかなを　かこう
「パ・ピ・プ・ペ・ポ」

なまえ

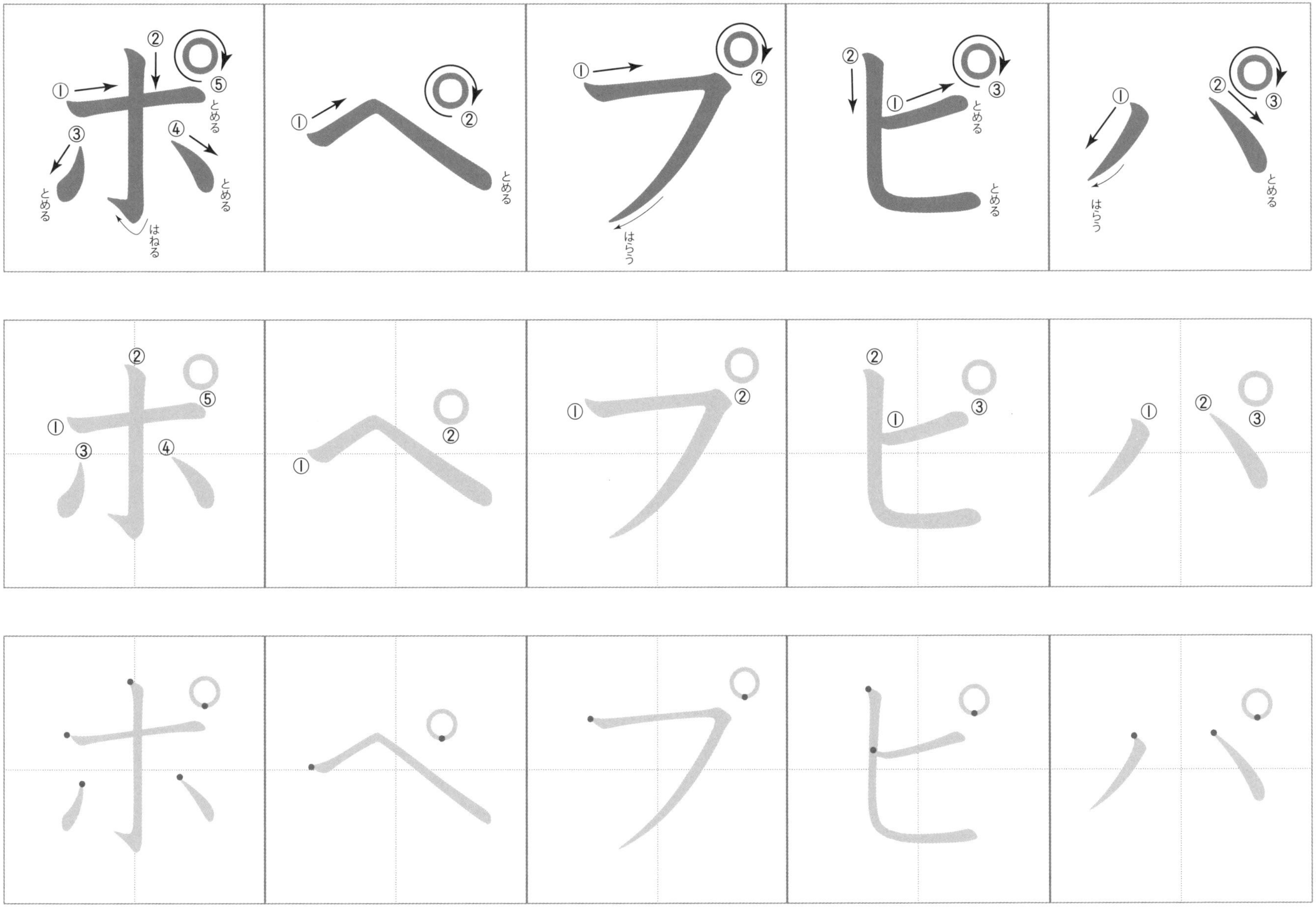

こえに だして よもう ①

なまえ

つぎの ことばを よみましょう。よめたら □の なかと、ことばに あう えに ○を しましょう。

マイク

エプロン

タイヤ

ハンカチ

ペンキ

パズル

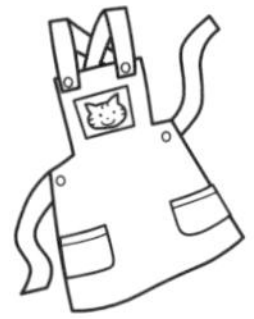

こえに だして よもう ②

なまえ

つぎの ことばを よみましょう。 よめたら □の なかと、
ことばに あう えに ○を しましょう。

□ テニス

□ サラダ

□ ミシン

□ オムレツ

□ アルバム

□ ランドセル

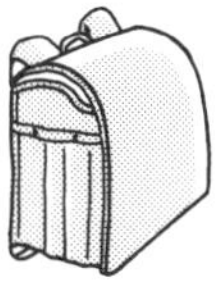

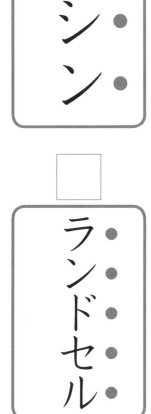

ことばあそび　しりとり ①
ことばを　かこう

なまえ

えに　あう　ことばを　かたかなで　かいて　しりとりを　しましょう。

(1)

シ

カ

ス

(2)

ネ

コ

イ

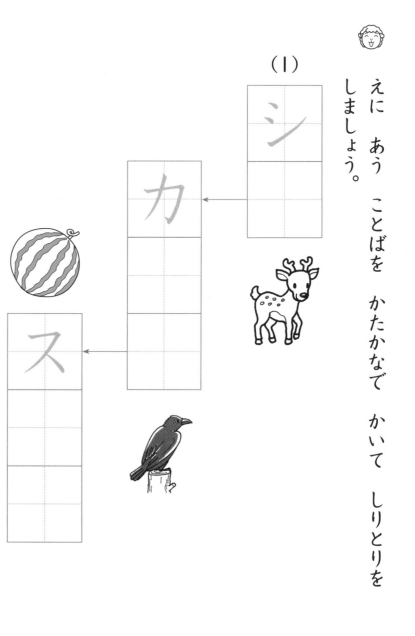

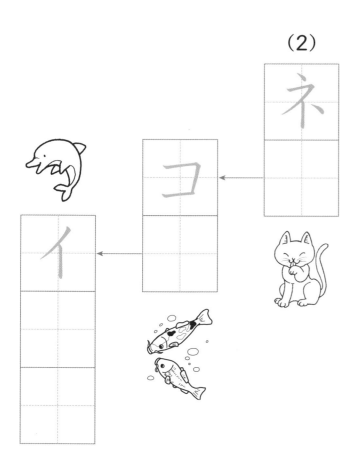

ことばあそび　しりとり②
ことばを　かこう

なまえ

えに　あう　ことばを　かたかなで　かいて　しりとりを　しましょう。

（1）

ク

マ

ト

（2）

リ

ゴ

ラ

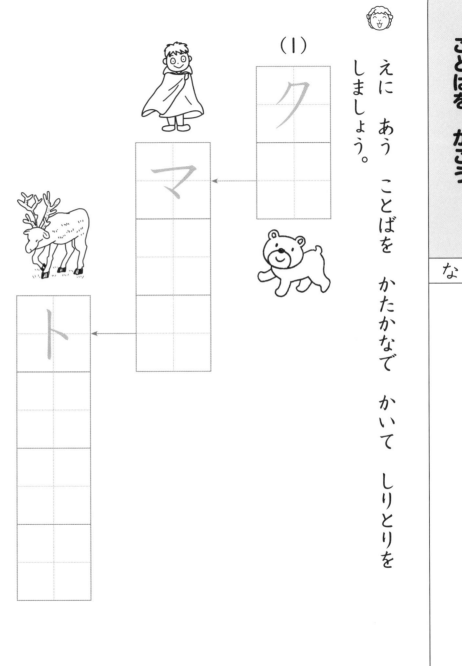

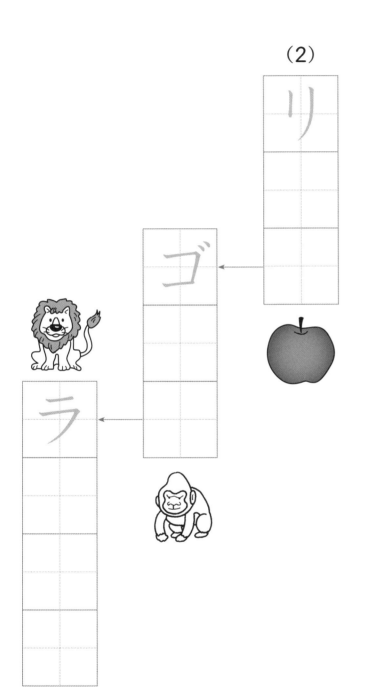

ことばあそび　しりとり③
ことばを　かこう

なまえ

しりとりに　なる　ように　したの　えの　ことばを　かきましょう。

ト
ラ
ダ
マ
イ
ク
リ
ン
ゴ

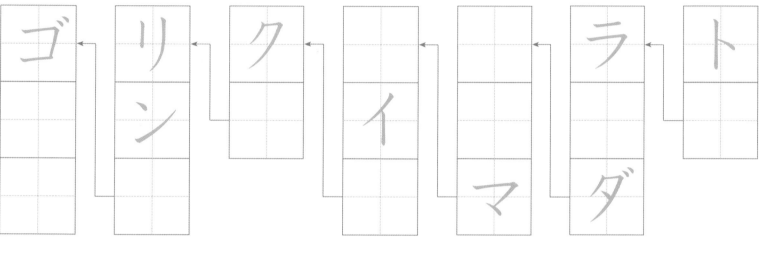

ことばあそび　しりとり④

ことばを　かこう

なまえ

しりとりに　なる　ように　したの　えの　ことばを　かきましょう。

えを　みながら
かんがえて　みよう。
えを　みつけたら
◯を　しよう。

サ□ダ → ダ□□モ□ド → □□□ → ム□□ビ → ビ□ゴ → □□□ → ラ□□セ□

ただしい ことばを えらぼう ①
「ド」と「ロ」

なまえ

えを みて ただしい ことばに ▢ を しましょう。

①

メドン
メロン

②

ロレス
ドレス

③

オセロ
オセド

④

コンド
コンロ

⑤

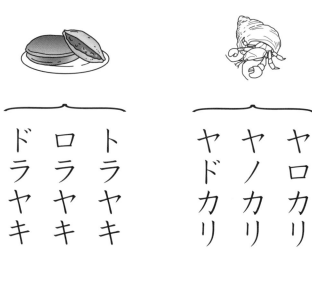

ヤロカリ
ヤノカリ
ヤドカリ

⑥

トラヤキ
ロラヤキ
ドラヤキ

⑦

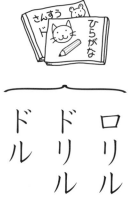

ロリル
ドリル
ドル

⑧

ドバ
ロバ
ロパ

ただしい　ことばを　えらぼう　②
「デ」と「レ」

なまえ

えを　みて　ただしい　ことばに　□　を　しましょう。

①

デモン
レモン

②

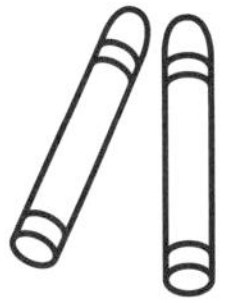

クレヨン
クデヨン

③

モデル
モレル

④

プデゼント
プレゼント

⑤

テデビ
テレビ
テテビ

⑥

デタス
レダス
レタス

⑦

レストダン
デストラン
レストラン

⑧

ヒトデ
ヒトレ
ヒドデ

ただしい ことばを えらぼう③
「ギ」と「ジ」・「ダ」と「ラ」

なまえ

えを みて ただしい ことばに ◯ を しましょう。

①

ペンジン
ペンギン

②

ウサギ
ウサジ

③

パンラ
パンダ

④

ブランコ
ブダンコ

⑤
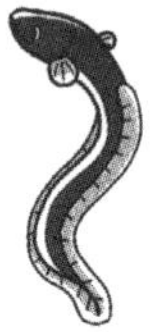
ウナジ
ウナギ
ウナキ

⑥

キジ
キギ
キシ

⑦

ダンドセル
ラントセル
ランドセル

⑧

サダダ
サダナ
サラダ

かけるかな①
「ド」と「ロ」

なまえ

えを　みて　かたかなで　ことばを　かきましょう。
あいて　いる　□には　ド　か　ロ　を　いれましょう。

コン□

メ□ン

□リル

□バ

□レス

ヤ□カリ

かけるかな② 「デ」と「レ」

なまえ

えを　みて　かたかなで　ことばを　かきましょう。
あいて　いる　□には　デ　か　レ　を　いれましょう。

ヒト□

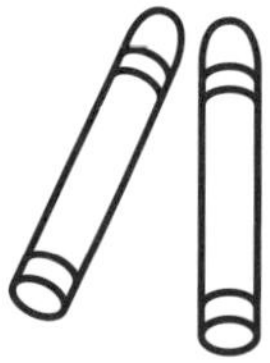

ク□ヨン

□モン

テ□ビ

プ□ゼント

ムカ□

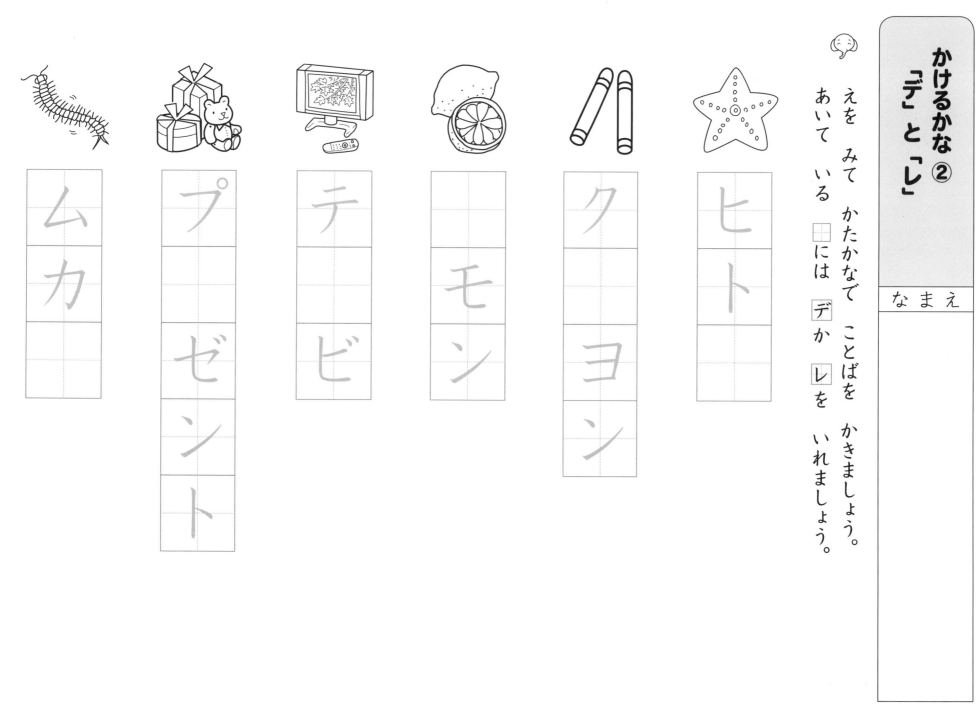

かけるかな③　「ギ」と「ジ」・「ダ」と「ラ」

なまえ

えを　みて　かたかなで　ことばを　かきましょう。

ウサ□

キ□

ペン□ン

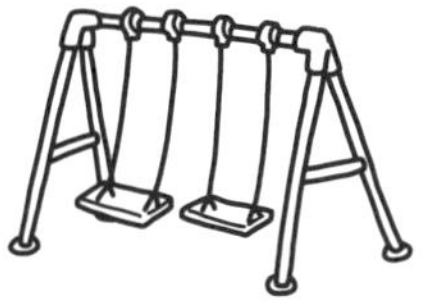

ブ□ンコ

パン□

□ンドセル

あいて　いる　□には　ギか　ジを　いれましょう。

あいて　いる　□には　ダか　ラを　いれましょう。

ことばあそび
ただしい ことばを えらぼう ①

なまえ

ただしい ことばを えらんで ゴールまで いきましょう。

ヒント

1

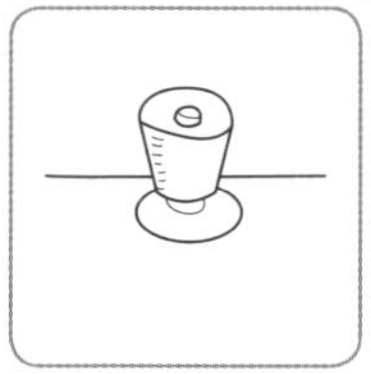

2

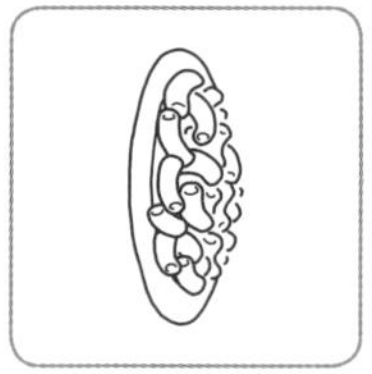

3

4

5

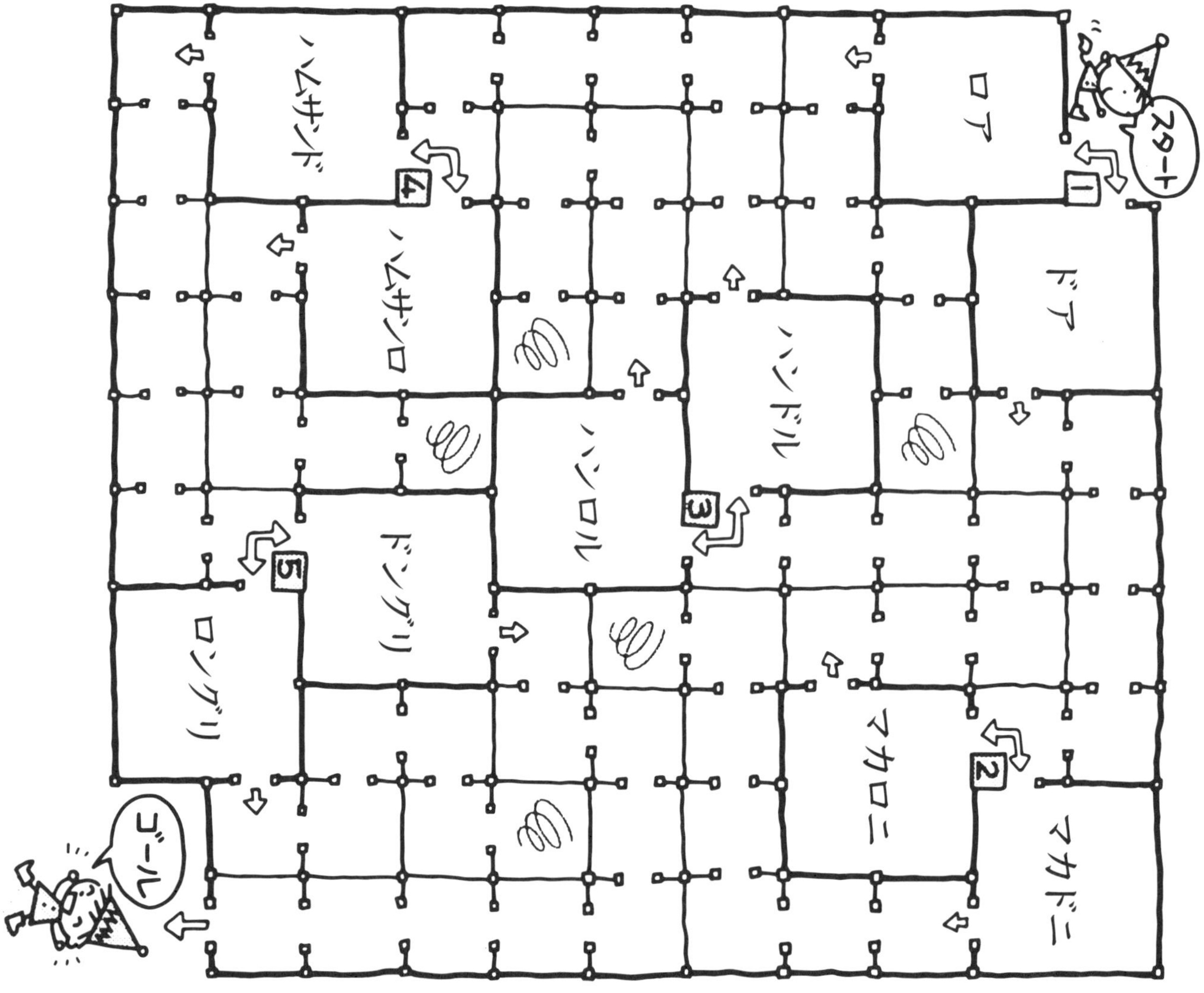

ことばあそび

ただしい ことばを えらぼう ②

なまえ

ただしい　ことばを　えらんで　ゴールまで　いきましょう。

ヒント

1  → 2  → 3 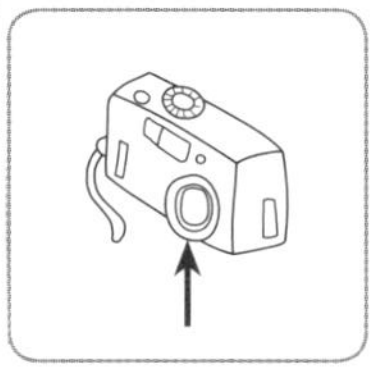 → 4  → 5 

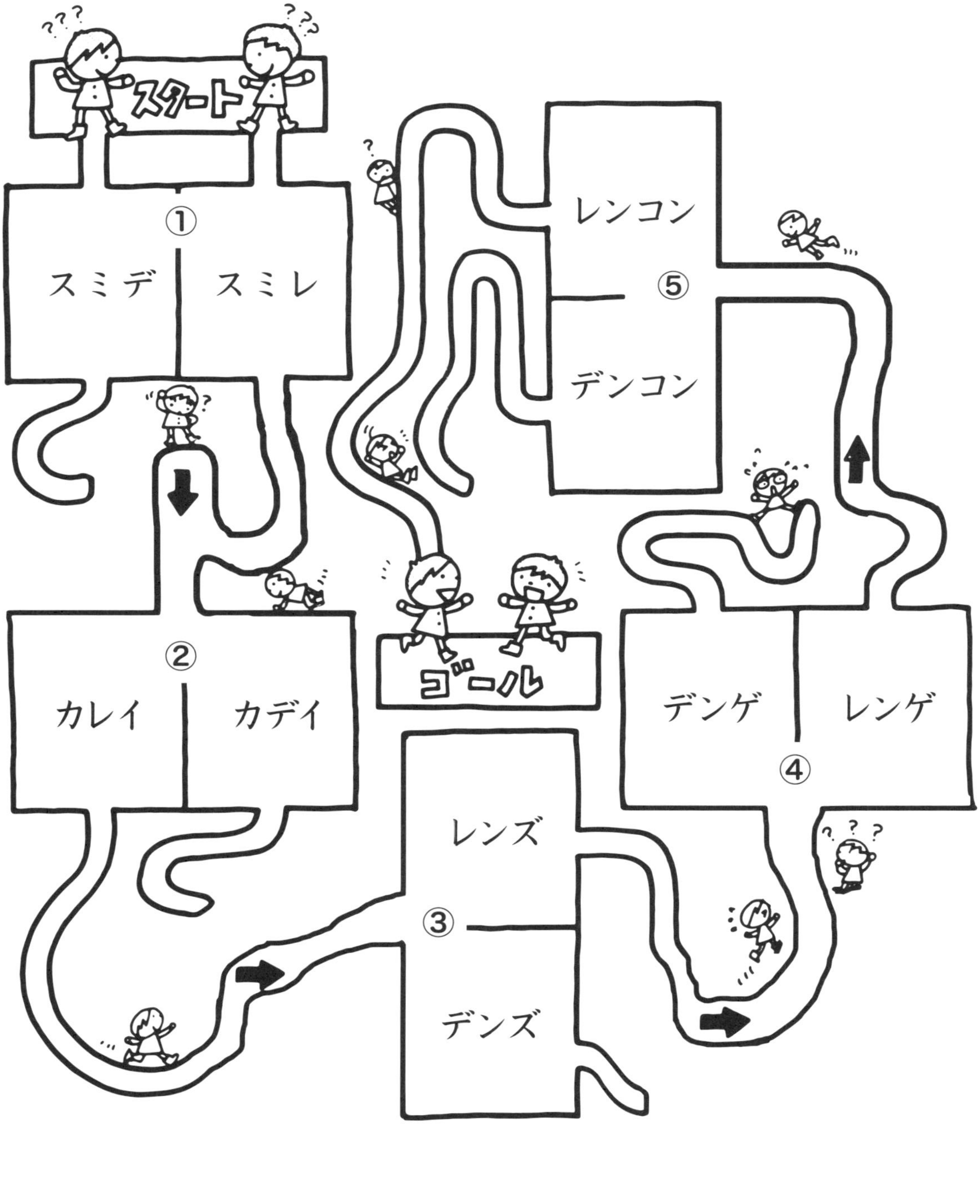

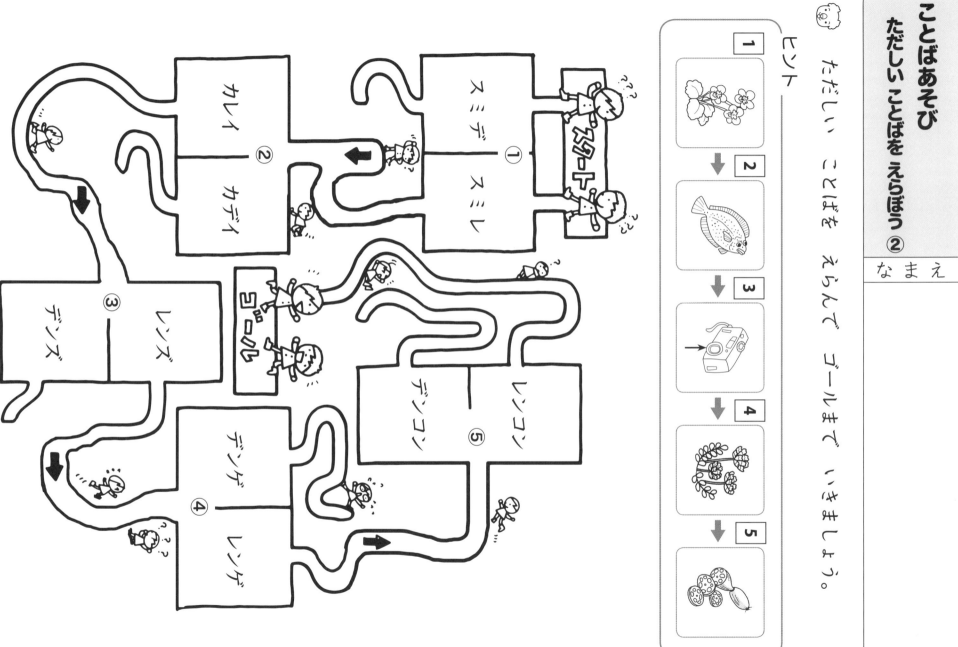

ことばあそび
ただしい ことばを えらぼう ③

なまえ

ただしい ことばを えらんで ゴールまで いきましょう。

ヒント

1

2

3

4

5

ことばあそび
ただしい ことばを えらぼう ④

なまえ

ただしい　ことばを　えらんで　ゴールまで　いきましょう。

ヒント

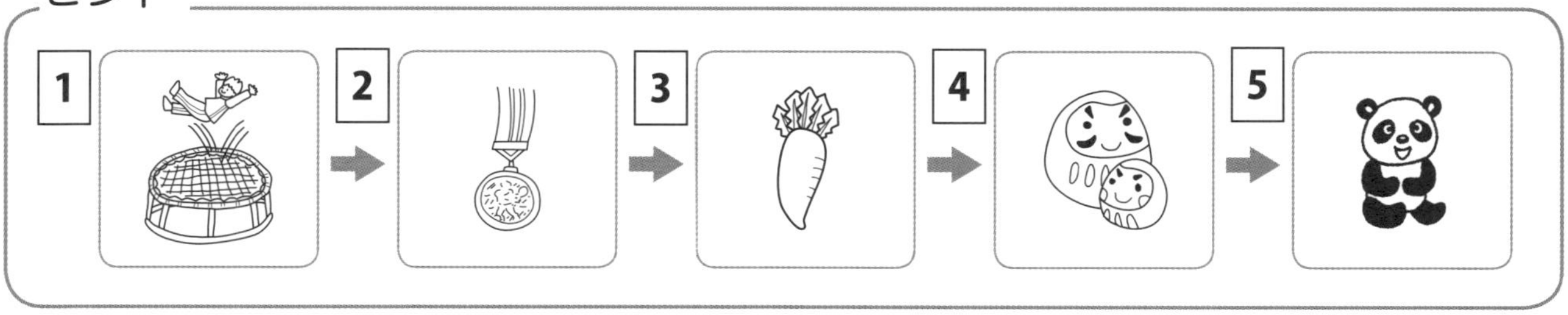

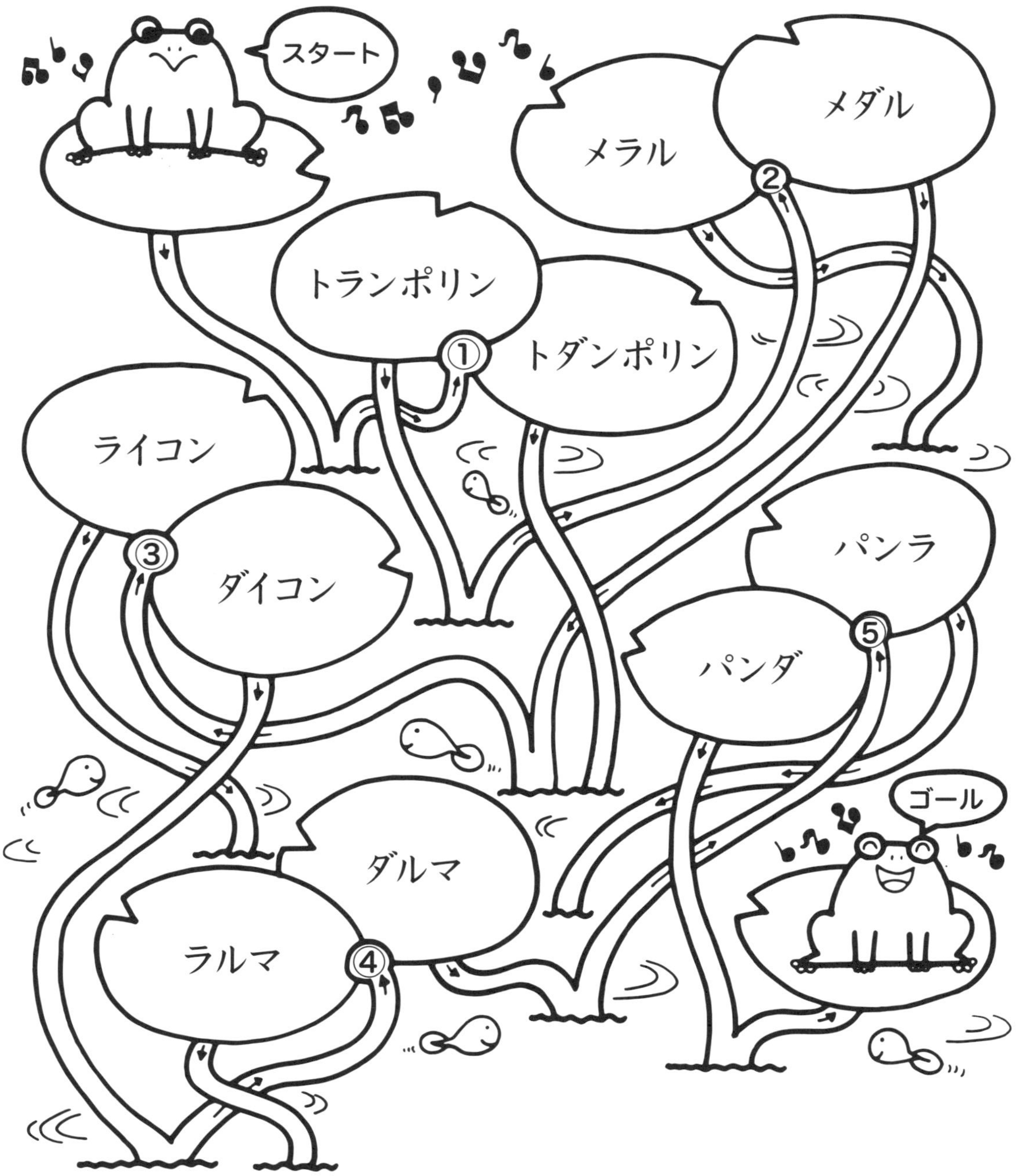

ことばあそび
ただしい ことばを えらぼう ⑤

なまえ

ただしい　ことばを　えらんで　ゴールまで　いきましょう。

ヒント

1  → 2  → 3  → 4  → 5 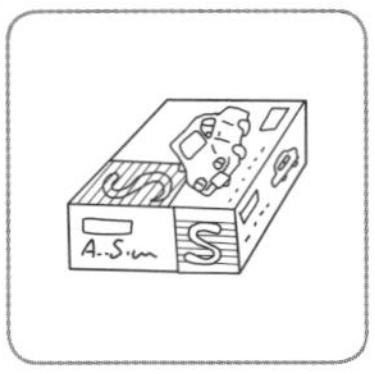

ことばあそび
ただしい ことばを えらぼう ⑥

なまえ

ただしい　ことばを　えらんで　ゴールまで　いきましょう。

ヒント

1 → 2 → 3 → 4 → 5

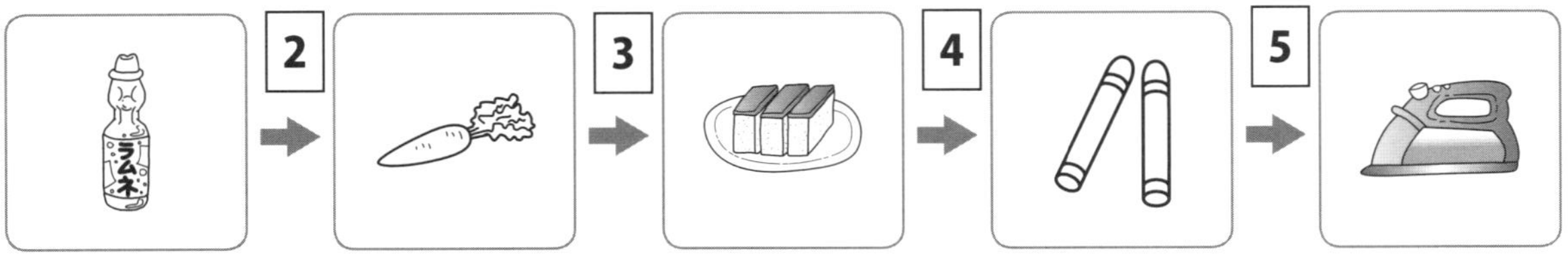

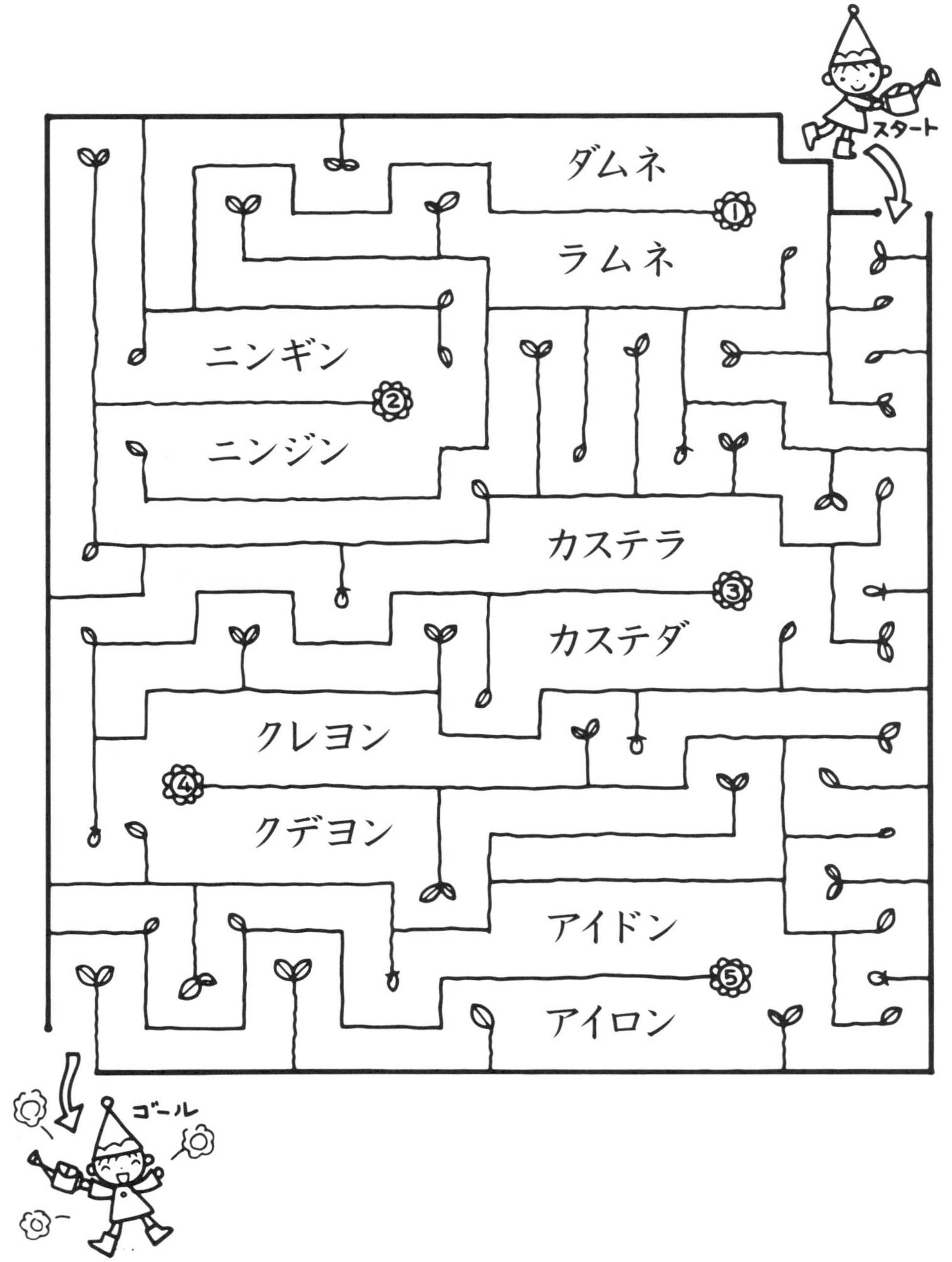

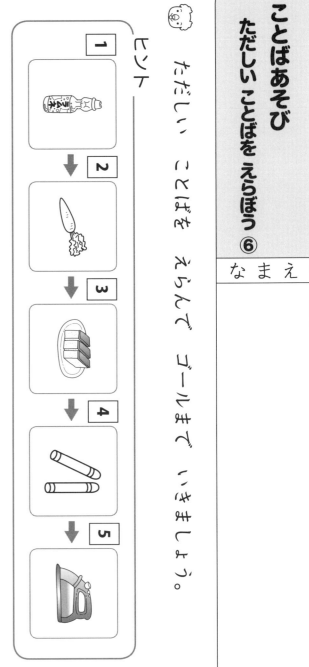

ことばあそび せんで つなごう ①

なまえ

えに あう ことばを えらんで せんで つなぎましょう。

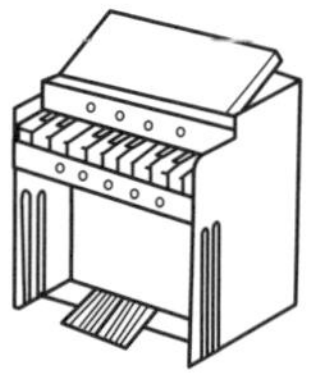

バイオリン

トライアングル

ピアノ

マラカス

シンバル

オルガン

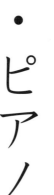

ことばあそび　せんで　つなごう ②

なまえ

えに　あう　ことばを　えらんで　せんで　つなぎましょう。

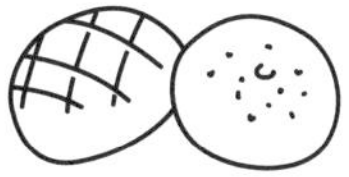

パン

プリン

バナナ

ラムネ

メロン

カステラ

にて いる かたかな ①
「ソ」「リ」・「ソ」「ン」

なまえ

(1) じの かたちに きを つけて かきましょう。

① ソ と リ

ソ ソ

リ リ

② ソ と ン

ソ ソ

ン ン

(2) ただしい ほうに ○を つけましょう。

（　）マラリン
（　）マラソン

（　）カミリソ
（　）カミソリ

（　）プリン
（　）プソン

（　）ンソグ
（　）ソング

（　）リボソ
（　）リボン

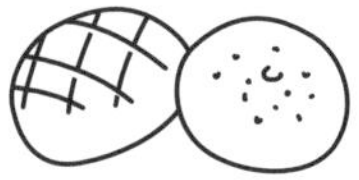

（　）パン
（　）パソ

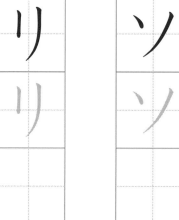

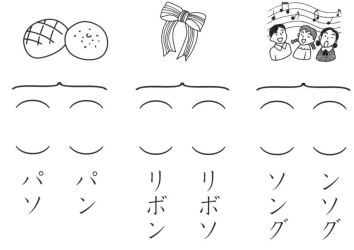

にて いる かたかな②
「シ」「ツ」・「チ」「テ」

なまえ

(1) じの かたちに きを つけて かきましょう。

① シ と ツ

シ

ツ

② チ と テ

チ

テ

(2) ただしい ほうに ○を つけましょう。

（　）ツンバル
（　）シンバル

（　）ブラシ
（　）ブラツ

（　）シル
（　）ツル

（　）ハンカチ
（　）ハンカテ

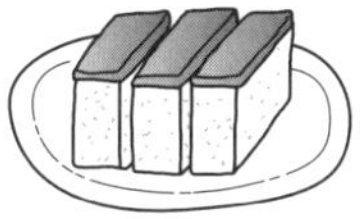

（　）カスチラ
（　）カステラ

（　）テニス
（　）チニス

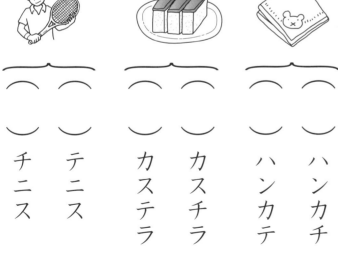

にて いる かたかな「ス」「ヌ」・「ヌ」「ヲ」③

なまえ

(1) じの かたちに きを つけて かきましょう。

① ス と ヌ

ス ス

ヌ ヌ

② ヌ と ヲ

ヌ ヌ

ヲ ヲ

(2) ただしい ほうに ○を つけましょう。

（ ） スイミング
（ ） ヌイミング

（ ） ポヌト
（ ） ポスト

（ ） イス
（ ） イヌ

（ ） タヲキ
（ ） タヌキ

（ ） クヌギ
（ ） クヲギ

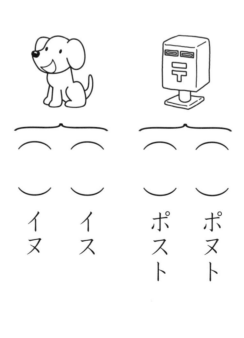

にて いる かたかな ④ 「ク」「ワ」・「ク」「タ」

なまえ

(1) じの かたちに きを つけて かきましょう。

① ク と ワ

ク ク

ワ ワ

② ク と タ

ク ク

タ タ

(2) ただしい ほうに ○を つけましょう。

（ ）ワリスマス
（ ）クリスマス

（ ）マイク
（ ）マイワ

（ ）クニ
（ ）ワニ

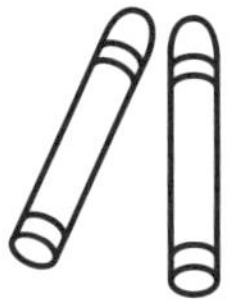

（ ）クレヨン
（ ）タレヨン

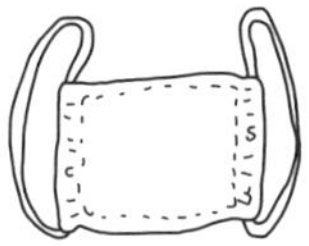

（ ）マスタ
（ ）マスク

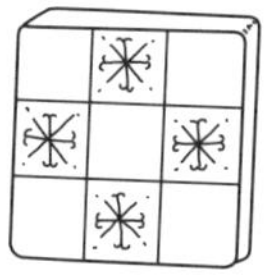

（ ）クイル
（ ）タイル

にて いる かたかな 「ア」「マ」・「ウ」「ワ」 ⑤

なまえ

(1) じの かたちに きを つけて かきましょう。

① ア と マ

ア

マ

② ウ と ワ

ウ

ワ

(2) ただしい ほうに ○を つけましょう。

（　）マルバム
（　）アルバム

（　）エアコン
（　）エマコン

（　）ヘチア
（　）ヘチマ

（　）ウサギ
（　）ワサギ

（　）ワシ
（　）ウシ

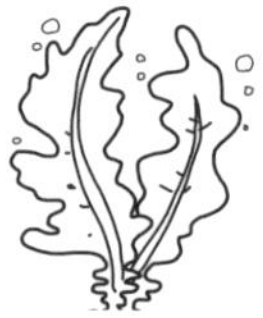

（　）ウカメ
（　）ワカメ

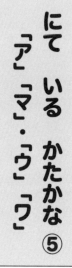

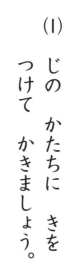

にて いる かたかな⑥ 「コ」「ユ」・「セ」「ヒ」

なまえ

(1) じの かたちに きを つけて かきましょう。

① コ と ユ

コ
コ

ユ
ユ

② セ と ヒ

セ
セ

ヒ
ヒ

(2) ただしい ほうに ◯を つけましょう。

（　）コイ
（　）ユイ

（　）インユ
（　）インコ

（　）コリ
（　）ユリ

（　）ヒロリ
（　）セロリ

（　）アセル
（　）アヒル

（　）ヒマワリ
（　）セマワリ

※この解答は１つの例です。児童の多様な考えに寄り添って○つけをして下さい。

50頁

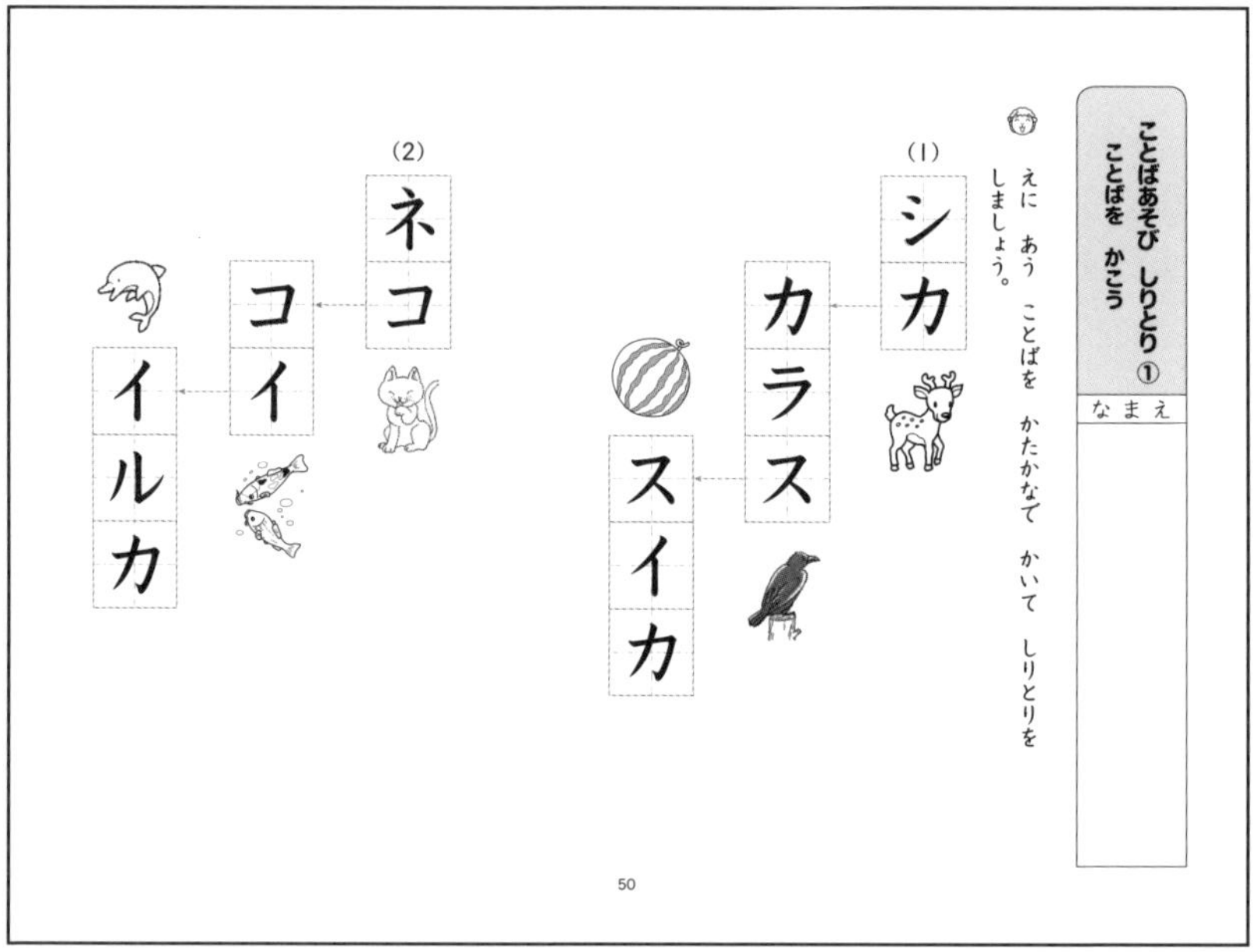
ことばあそび　しりとり①
ことばを　かこう

なまえ

えに　あう　ことばを　かたかなで　かいて　しりとりを　しましょう。

(1)
シカ
カラス
スイカ

(2)
ネコ
コイ
イルカ

50

51頁

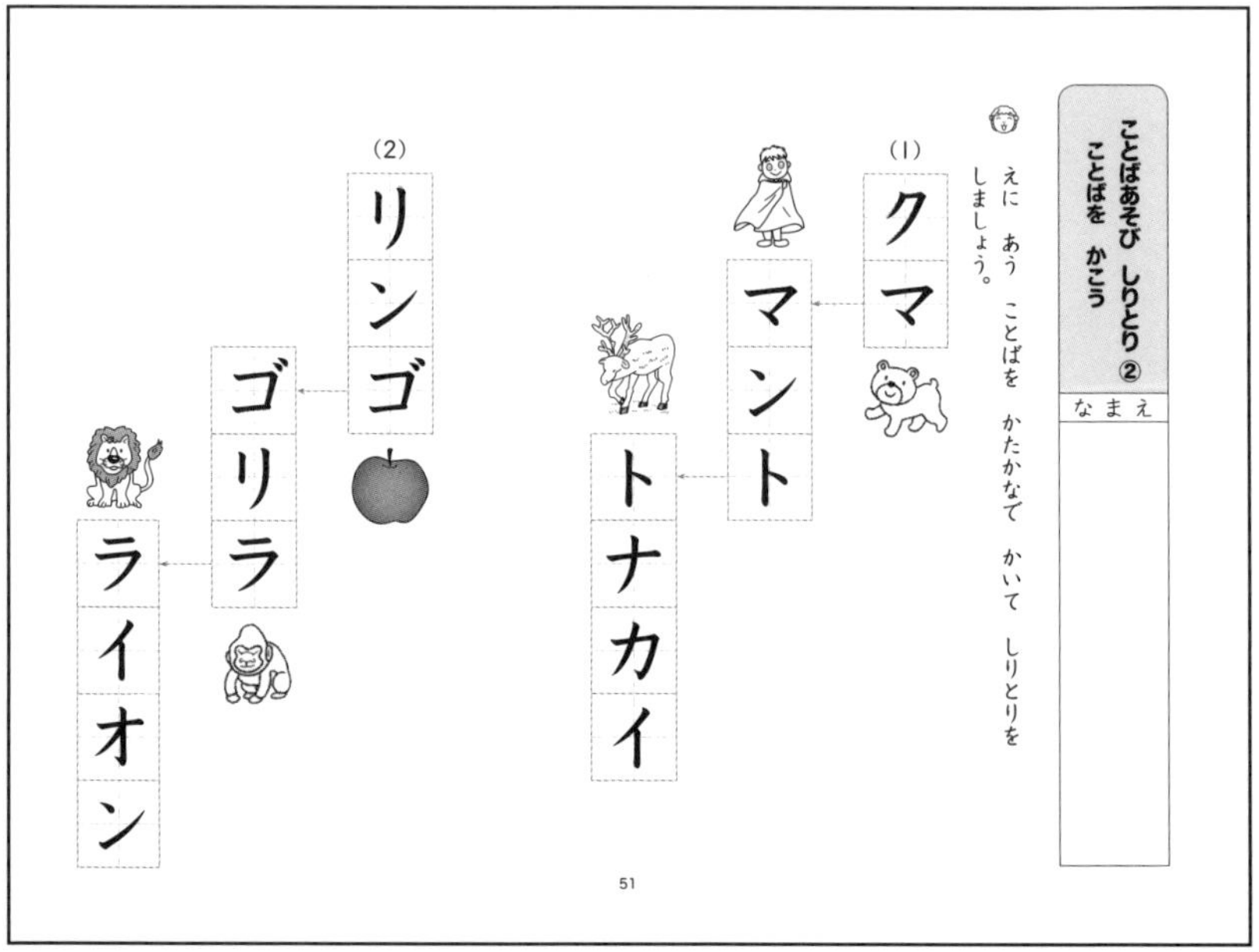
ことばあそび　しりとり②
ことばを　かこう

なまえ

えに　あう　ことばを　かたかなで　かいて　しりとりを　しましょう。

(1)
クマ
マント
トナカイ

(2)
リンゴ
ゴリラ
ライオン

51

52頁

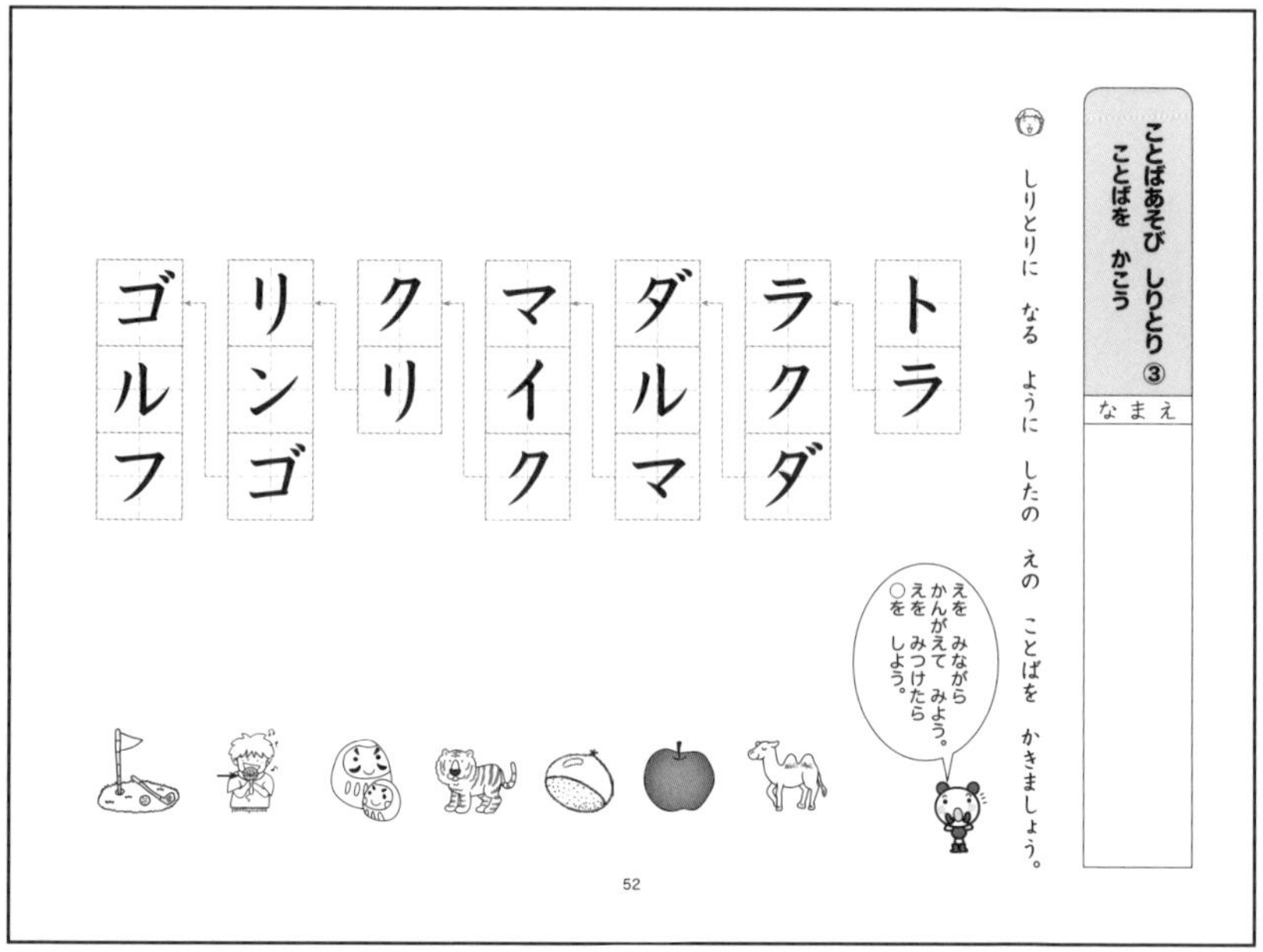
ことばあそび　しりとり③
ことばを　かこう

なまえ

しりとりに　なる　ように　したの　えの　ことばを　かきましょう。

トラ
ラクダ
ダルマ
マイク
クリ
リンゴ
ゴルフ

えを　みながら　かんがえて　みよう。えを　みつけたら　○を　しよう。

52

53頁

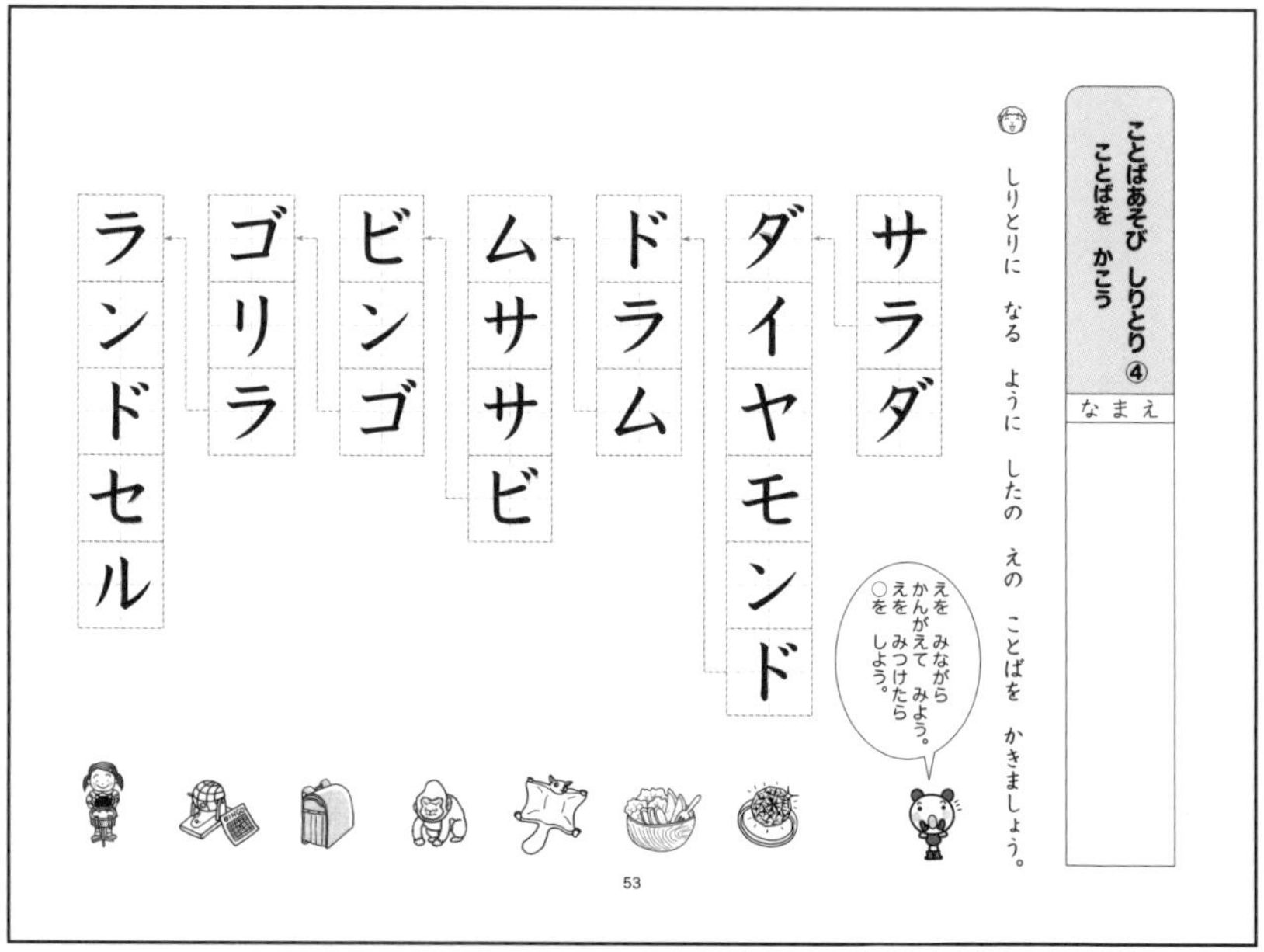
ことばあそび　しりとり④
ことばを　かこう

なまえ

しりとりに　なる　ように　したの　えの　ことばを　かきましょう。

サラダ
ダイヤモンド
ドラム
ムササビ
ビンゴ
ゴリラ
ランドセル

えを　みながら　かんがえて　みよう。えを　みつけたら　○を　しよう。

53

※ この解答は１つの例です。児童の多様な考えに寄り添って◯つけをして下さい。

54頁

ただしい ことばを えらぼう① 「ド」と「ロ」

なまえ

えを みて ただしい ことばに ◯ を しましょう。

① 
メドン
メロン

② 
ロレス
ドレス

③ 
オセロ
オセド

④ 
コンド
コンロ

⑤ 
ヤロカリ
ヤノカリ
ヤドカリ

⑥ 
トラヤキ
ロラヤキ
ドラヤキ

⑦ 
ロリル
ドリル
ドル

⑧ 
ドバ
ロバ
ロパ

54

55頁

ただしい ことばを えらぼう② 「デ」と「レ」

なまえ

えを みて ただしい ことばに ◯ を しましょう。

① 
デモン
レモン

② 
クレヨン
クデヨン

③ 
モデル
モレル

④ 
プデゼント
プレゼント

⑤ 
テデビ
テレビ
テテビ

⑥ 
デタス
レダス
レタス

⑦ 
レストダン
デストラン
レストラン

⑧ 
ヒトデ
ヒトレ
ヒドデ

55

56頁

ただしい ことばを えらぼう③ 「ギ」と「ジ」・「ダ」と「ラ」

なまえ

えを みて ただしい ことばに ◯ を しましょう。

① 
ペンジン
ペンギン

② 
ウサギ
ウサジ

③ 
パンラ
パンダ

④ 
ブランコ
ブダンコ

⑤ 
ウナジ
ウナギ
ウナキ

⑥ 
キジ
キギ
キシ

⑦ 
ダンドセル
ラントセル
ランドセル

⑧ 
サダダ
サダナ
サラダ

56

57頁

かけるかな① 「ド」と「ロ」

なまえ

えを みて かたかなで ことばを かきましょう。
あいて いる □には ド か ロを いれましょう。

コンロ

メロン

ドリル

ロバ

ドレス

ヤドカリ

57

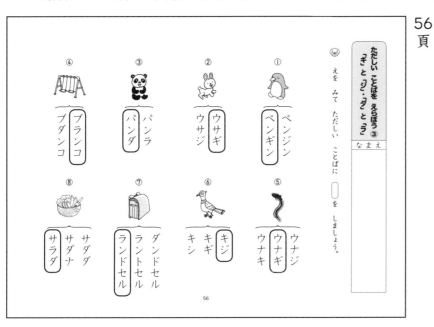

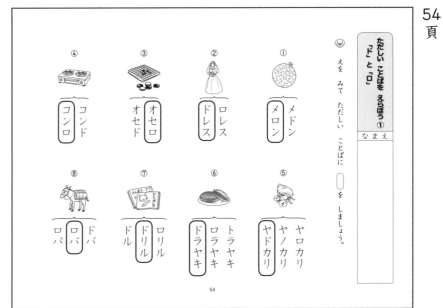

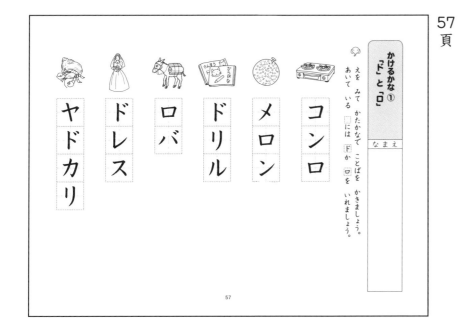

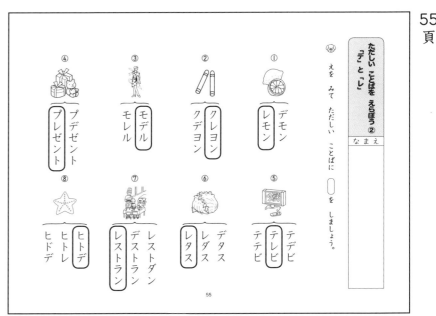

※ この解答は１つの例です。児童の多様な考えに寄り添って○つけをして下さい。

解答例

58頁

かけるかな② 「デ」と「レ」

なまえ

えを みて かたかなで ことばを かきましょう。
あいて いる □には デ か レ を いれましょう。

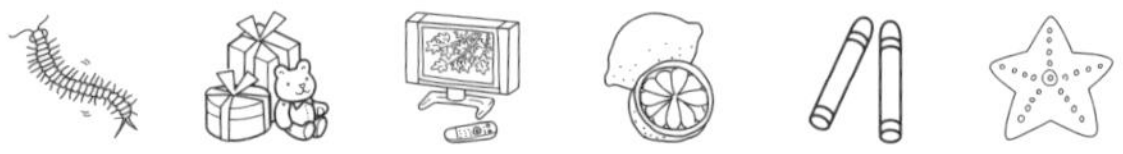

ヒトデ
クレヨン
レモン
テレビ
プレゼント
ムカデ

59頁

かけるかな③ 「ギ」と「ジ」・「ダ」と「ラ」

なまえ

えを みて かたかなで ことばを かきましょう。

ウサギ
キジ
ペンギン
ブランコ
パンダ
ランドセル

あいて いる □には ギ か ジ を いれましょう。

あいて いる □には ダ か ラ を いれましょう。

60頁

ことばあそび
ただしい ことばを えらぼう①

なまえ

ただしい ことばを えらんで ゴールまで いきましょう。

ヒント

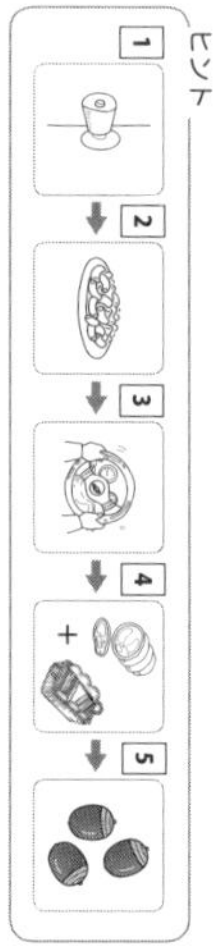

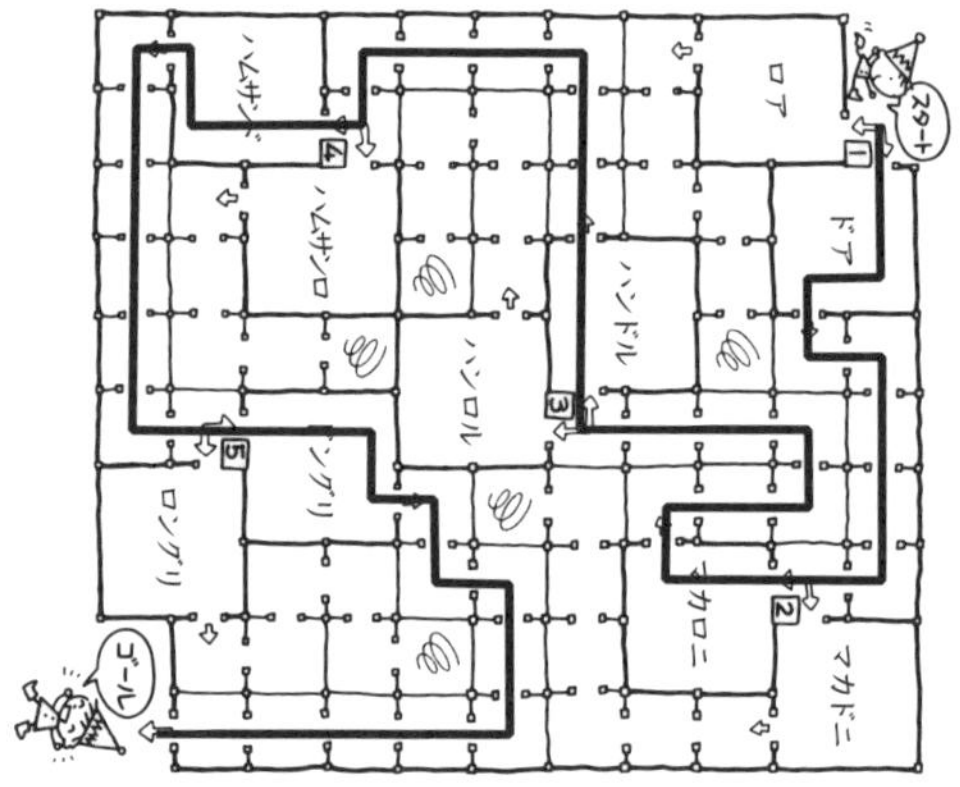

61頁

ことばあそび
ただしい ことばを えらぼう②

なまえ

ただしい ことばを えらんで ゴールまで いきましょう。

ヒント

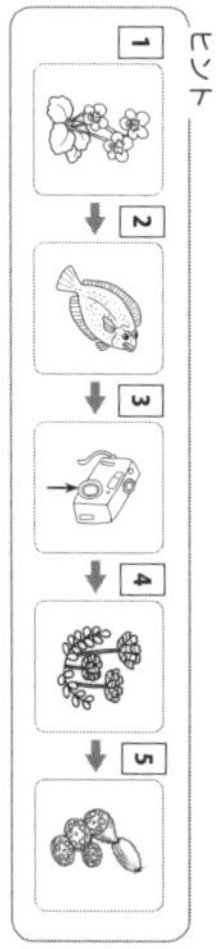

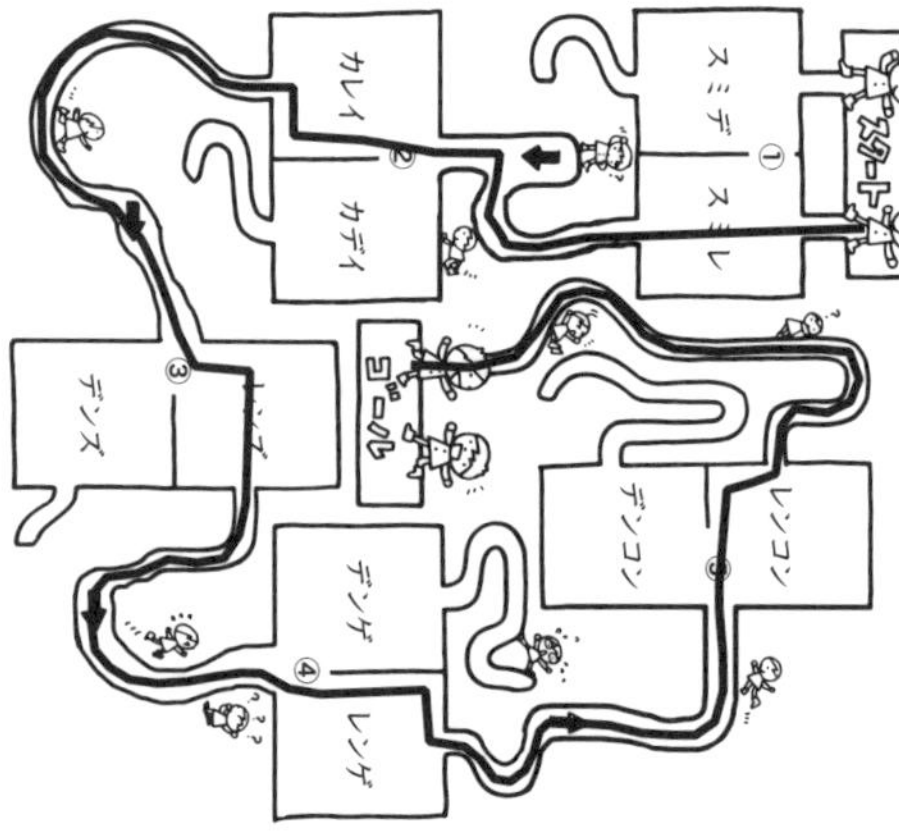

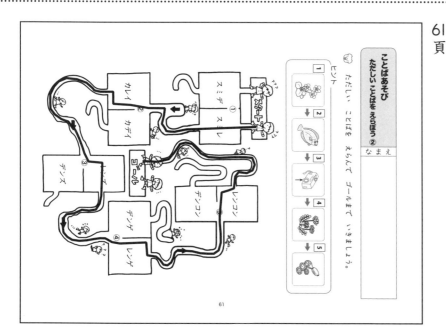

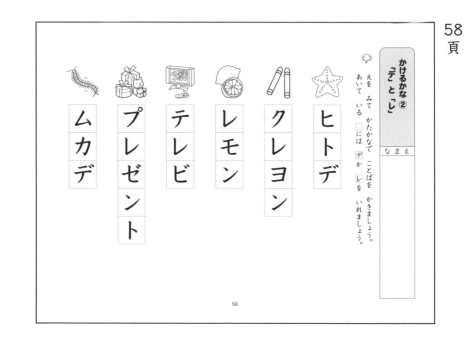

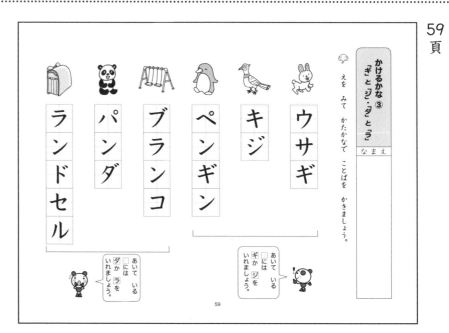

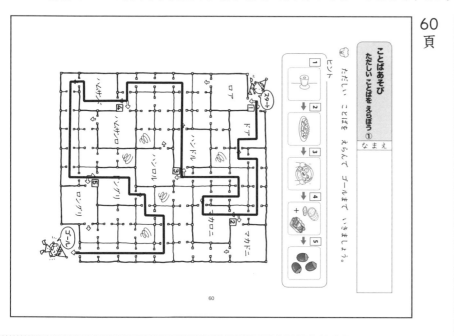

※ この解答は１つの例です。児童の多様な考えに寄り添って○つけをして下さい。

解答例

62頁

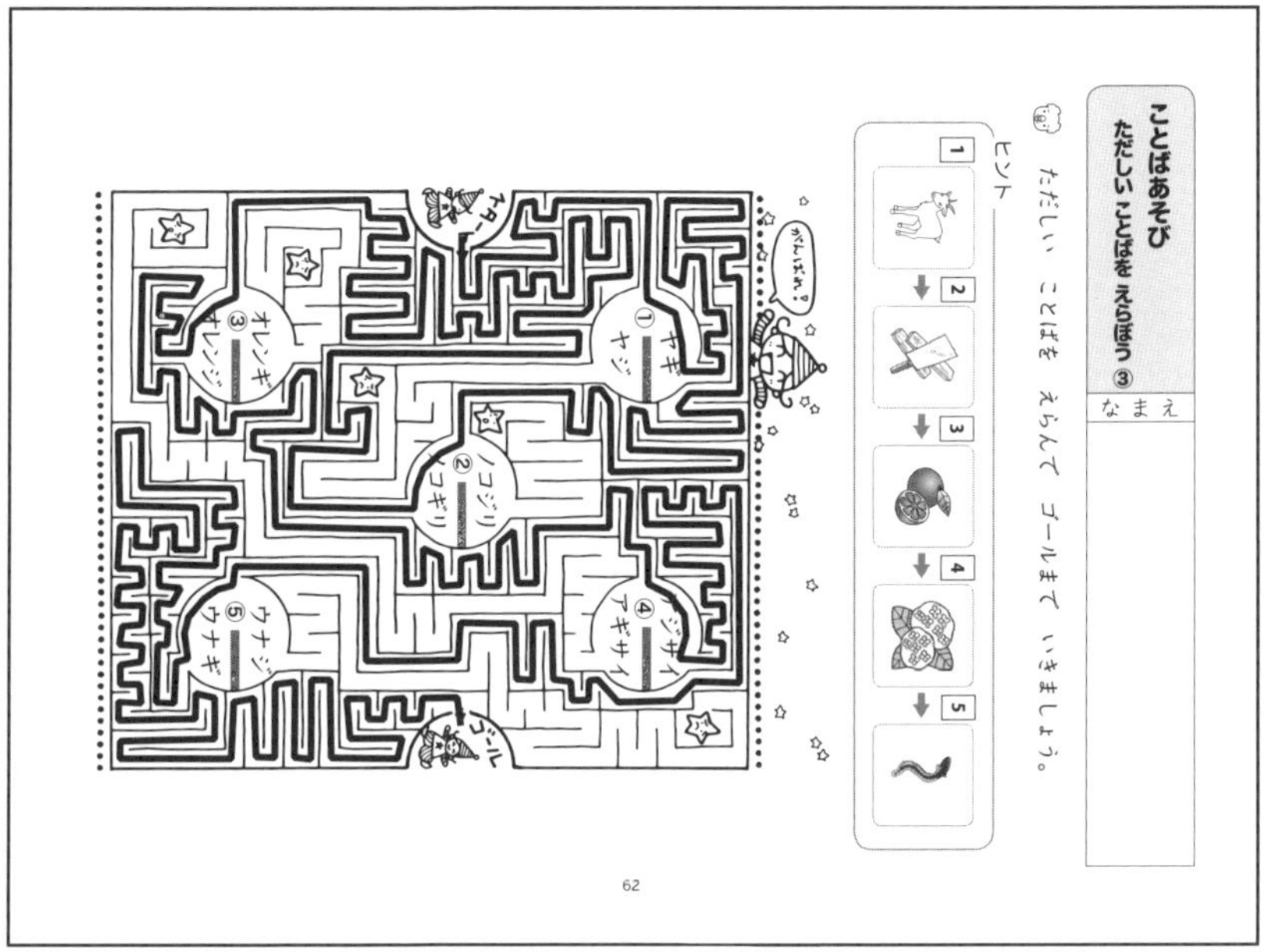

63頁

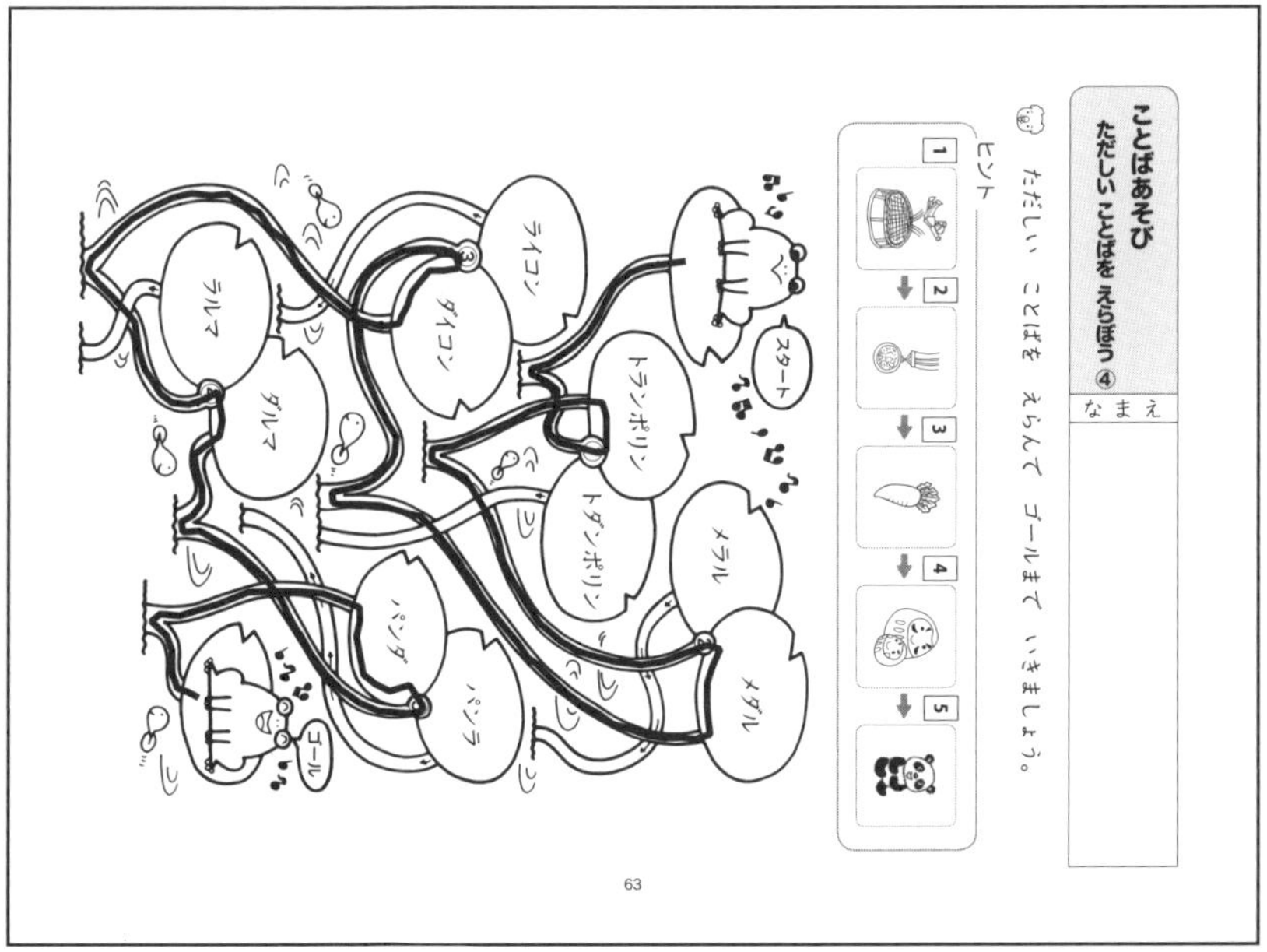

64頁

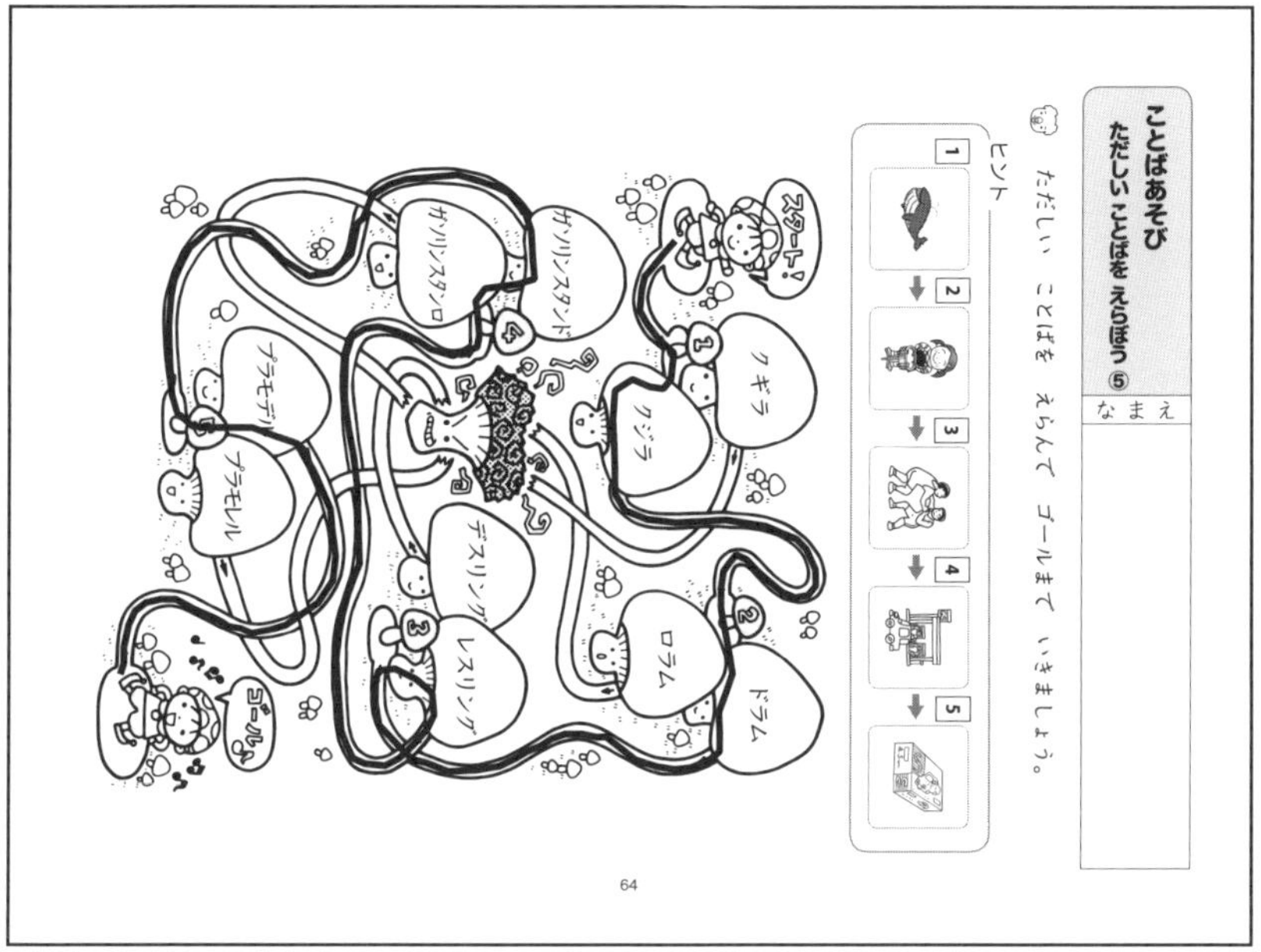

65頁

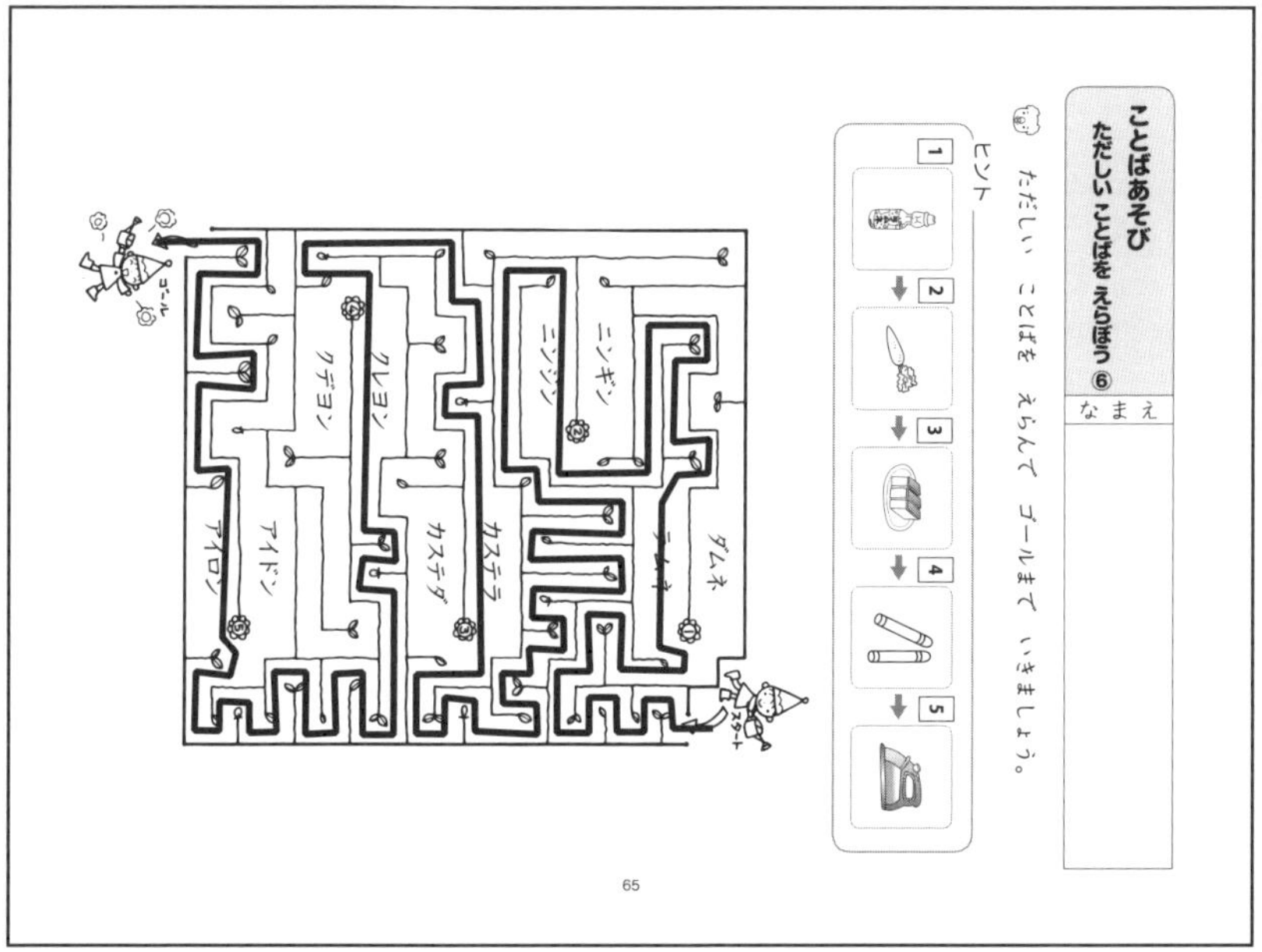

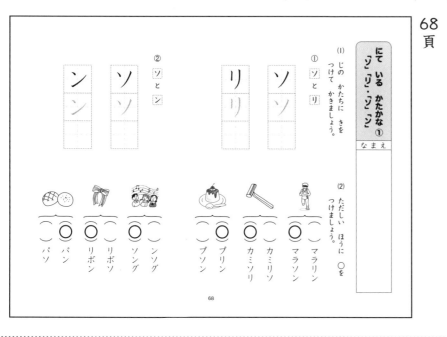

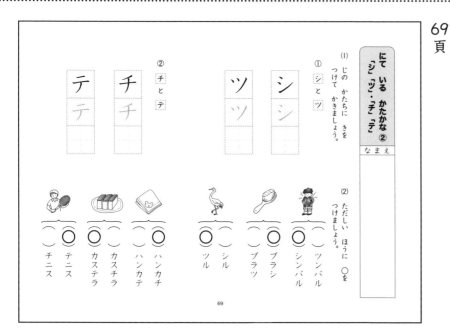

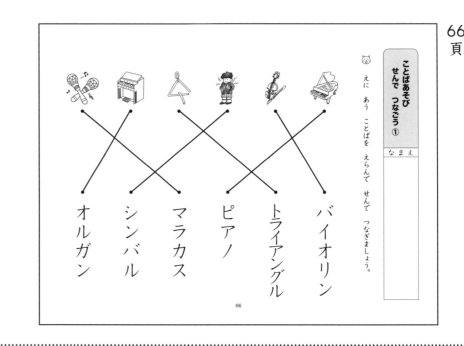

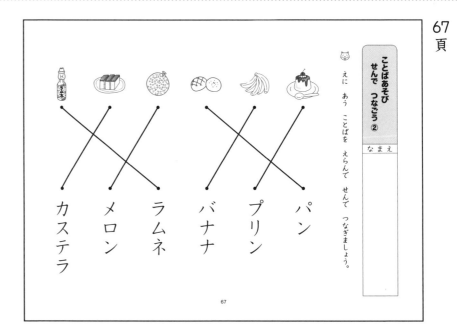

※ この解答は１つの例です。児童の多様な考えに寄り添って〇つけをして下さい。

66頁

ことばあそび　せんで　つなごう①

なまえ

えに　あう　ことばを　えらんで　せんで　つなぎましょう。

バイオリン

トライアングル

ピアノ

マラカス

シンバル

オルガン

66

67頁

ことばあそび　せんで　つなごう②

なまえ

えに　あう　ことばを　えらんで　せんで　つなぎましょう。

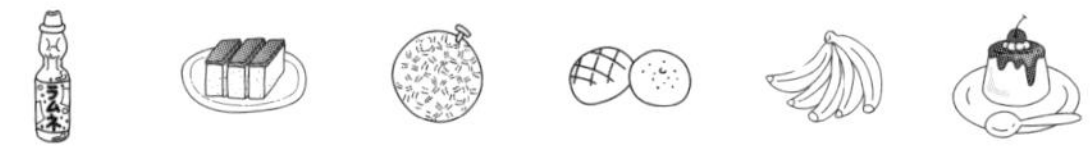

パン

プリン

バナナ

ラムネ

メロン

カステラ

67

68頁

にて　いる　かたかな①「ソ」「リ」・「ソ」「ン」

なまえ

(1) じの　かたちに　きを　つけて　かきましょう。

① ソ と リ

ソ　リ

② ソ と ン

ソ　ン

(2) ただしい　ほうに　〇を　つけましょう。

( ) マラリン　(〇) マラソン

( ) カミリソ　(〇) カミソリ

(〇) プリン　( ) プソン

( ) ンソグ　(〇) ソング

( ) リボソ　(〇) リボン

(〇) パン　( ) パソ

68

69頁

にて　いる　かたかな②「シ」「ツ」・「チ」「テ」

なまえ

(1) じの　かたちに　きを　つけて　かきましょう。

① シ と ツ

シ　ツ

② チ と テ

チ　テ

(2) ただしい　ほうに　〇を　つけましょう。

( ) ツンバル　(〇) シンバル

(〇) ブラシ　( ) ブラツ

( ) シル　(〇) ツル

(〇) ハンカチ　( ) ハンカテ

( ) カスチラ　(〇) カステラ

(〇) テニス　( ) チニス

69

※ この解答は１つの例です。児童の多様な考えに寄り添って○つけをして下さい。

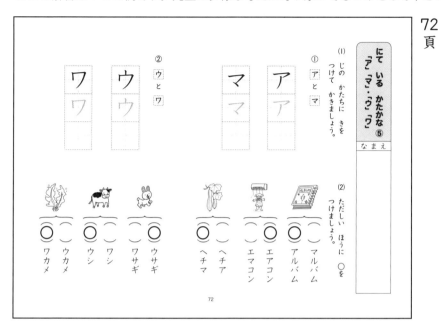

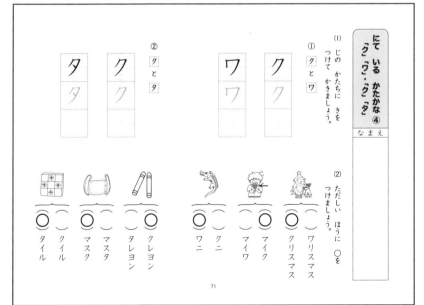

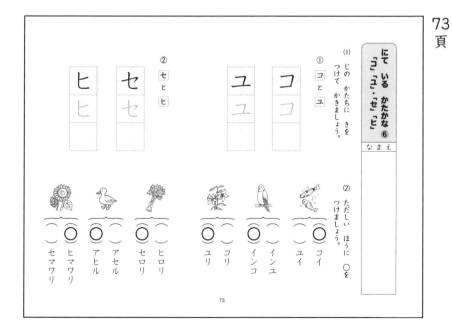

70頁

にて いる かたかな ③ 「ス」「ヌ」・「ヌ」「ヲ」

なまえ

(1) じの かたちに きを つけて かきましょう。

① ス と ヌ

ス　ヌ

② ヌ と ヲ

ヌ　ヲ

(2) ただしい ほうに ○を つけましょう。

（○）スイミング　（　）ヌイミング

（　）ポヌト　（○）ポスト

（　）イス　（○）イヌ

（　）タヲキ　（○）タヌキ

（　）クヲギ　（○）クヌギ

70

71頁

にて いる かたかな ④ 「ク」「ワ」・「ク」「タ」

なまえ

(1) じの かたちに きを つけて かきましょう。

① ク と ワ

ク　ワ

② ク と タ

ク　タ

(2) ただしい ほうに ○を つけましょう。

（　）ワリスマス　（○）クリスマス

（○）マイク　（　）マイワ

（　）クニ　（○）ワニ

（○）クレヨン　（　）タレヨン

（　）マスタ　（○）マスク

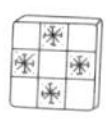
（　）クイル　（○）タイル

71

72頁

にて いる かたかな ⑤ 「ア」「マ」・「ウ」「ワ」

なまえ

(1) じの かたちに きを つけて かきましょう。

① ア と マ

ア　マ

② ウ と ワ

ウ　ワ

(2) ただしい ほうに ○を つけましょう。

（　）マルバム　（○）アルバム

（○）エアコン　（　）エマコン

（　）ヘチア　（○）ヘチマ

（○）ウサギ　（　）ワサギ

（　）ワシ　（○）ウシ

（　）ウカメ　（○）ワカメ

72

73頁

にて いる かたかな ⑥ 「コ」「ユ」・「セ」「ヒ」

なまえ

(1) じの かたちに きを つけて かきましょう。

① コ と ユ

コ　ユ

② セ と ヒ

セ　ヒ

(2) ただしい ほうに ○を つけましょう。

（○）コイ　（　）ユイ

（　）インユ　（○）インコ

（　）コリ　（○）ユリ

（　）ヒロリ　（○）セロリ

（　）アセル　（○）アヒル

（○）ヒマワリ　（　）セマワリ

73

【本書の発行のためにご協力頂いた先生方】（敬称略）

阿野　美佐子（あの　みさこ）　京都府八幡市立中央小学校教諭　通級指導教室担当

市川　巳栄（いちかわ　みえ）　京都府宇治市立北小倉小学校講師

【企画・編著】

原田　善造（はらだ　ぜんぞう）　学校図書教科書編集協力者
わかる喜び学ぶ楽しさを創造する教育研究所・著作研究責任者
元大阪府公立小学校教諭
（高槻市立芥川小学校特別支援学級教諭）

喜楽研の支援教育シリーズ

ゆっくりていねいに学びたい子のための

かたかなワーク　清音・濁音・半濁音の読み　ことばの音韻認識
かたかなの書字と書き順　形や音の似ているかたかな
ことばあそび

2017年1月10日　第1刷発行
2022年4月20日　第5刷発行

イラスト：山口 亜耶・白川 えみ・後藤 あゆみ
装　　丁：竹内 由美子・山口 亜耶
企画・編著：原田 善造・あおい えむ・今井 はじめ・さくら りこ・ほしの ひかり
堀越 じゅん
発 行 者：岸本 なおこ
発 行 所：喜楽研（わかる喜び学ぶ楽しさを創造する教育研究所）
〒604-0827　京都府京都市中京区高倉通二条下ル瓦町 543-1
TEL　075-213-7701　　FAX　075-213-7706
HP　https://www.kirakuken.co.jp
印　　刷：株式会社イチダ写真製版

ISBN 978-4-86277-203-9　　Printed in Japan